古汉语概述

(修订本)

许威汉 著

商务印书馆
2012年·北京

图书在版编目(CIP)数据

古汉语概述/许威汉著. —修订本. —北京:商务印书馆,2012
ISBN 978-7-100-09444-3

Ⅰ.①古… Ⅱ.①许… Ⅲ.①古汉语-概论 Ⅳ.①H109.2

中国版本图书馆 CIP 数据核字(2012)第 217396 号

所有权利保留。
未经许可,不得以任何方式使用。

古汉语概述
（修订本）

许威汉 著

商务印书馆出版
(北京王府井大街36号 邮政编码100710)
商务印书馆发行
北京市白帆印务有限公司印刷
ISBN 978-7-100-09444-3

2012年12月第1版　开本 850×1168　1/32
2012年12月北京第1次印刷　印张 10⅛
定价:25.00元

前　言

这是一本供一般学习汉语的读者了解古汉语概况、古汉语与现代汉语的继承关系，以及解决一些实际问题用的书。为了便于读者了解本书内容梗概，先说明下面几点：

一、扼要介绍古汉语各组成部分和语言本身发展概况，以及它跟现代汉语的有机联系；

二、各章还叙述了历代学者对语言现象的研究情况，以引导读者更好地对待有关语言现象的分析研究问题；

三、各章都注意到实用问题，比如文字部分讲到汉字的学习和运用问题，语音部分讲到有关读音问题，词汇部分讲到词语辨析和选用问题，语法部分讲到有关释句问题，句读和标点部分、修辞部分讲的也都是些常见的实际问题；

四、全书不作过多的理论叙述，也不作繁琐的历史考证，尽可能避免作单纯的材料堆砌工作,使读者看了之后能觉得浅近易懂,概念明确,印象鲜明,感到对了解古籍有一定的帮助,对当前推广普通话、汉语规范化等工作也都有一定的启示作用。

需要特别说明的是,在写作本书的过程中,本人曾经参考了不少关于汉语及语言学理论方面的书籍和文章,并且直接引用了若干解说和例子,但为了叙述方便,没有一一注明,谨在此一并表示衷心的感谢。

限于本人的水平,本书可能有不妥之处,谨请读者指正。

许威汉

目 录

绪论……………………………………………（ 1 ）
第一章 文字……………………………………（ 8 ）
  一、汉字的形成………………………………（ 8 ）
  二、汉字的构造………………………………（ 12 ）
  三、汉字的制度………………………………（ 17 ）
  四、汉字的体态………………………………（ 19 ）
  五、汉字的趋势………………………………（ 24 ）
  六、过去对汉字的研究………………………（ 28 ）
  七、汉字的学和用……………………………（ 36 ）
第二章 语音……………………………………（ 53 ）
  一、汉语注音方法……………………………（ 54 ）
  二、汉语语音系统……………………………（ 57 ）

三、过去对汉语语音的研究 ………………………………（73）

　　四、有关读音问题 …………………………………………（78）

　　五、附录 ……………………………………………………（89）

第三章　词汇 ………………………………………………（94）

　　一、汉语基本词汇 …………………………………………（94）

　　二、汉语的外来词 …………………………………………（97）

　　三、古今词汇的同异 ………………………………………（102）

　　四、古代常用词义 …………………………………………（105）

　　五、词义辨析 ………………………………………………（144）

　　六、过去对汉语词汇的研究 ………………………………（151）

　　七、词语的选用 ……………………………………………（160）

第四章　语法 ………………………………………………（172）

　　一、文言一般语法现象 ……………………………………（173）

　　二、实词活用 ………………………………………………（210）

　　三、常用虚词（虚字）………………………………………（216）

　　四、词序与特定格式 ………………………………………（260）

　　五、省略与压缩 ……………………………………………（276）

　　六、过去对汉语语法的研究 ………………………………（284）

　　七、有关释句问题 …………………………………………（289）

第五章　句读·标点·章句………………………………（293）

　　一、句读的由来 ……………………………………………（293）

　　二、标点的使用 ……………………………………………（295）

三、句读、标点与章句的关系 …………………………（298）
第六章　修辞·文风·阅读………………………………（302）
　一、关于修辞 ……………………………………………（302）
　二、关于文风 ……………………………………………（309）
　三、关于阅读 ……………………………………………（312）
后记…………………………………………………………（314）
补记…………………………………………………………（316）

绪　　论

汉语是中国的主要语言，也是国际通用语言之一。在语言分类上，一般认为属汉藏语系。它同中国境内的藏语、壮语、傣语、侗语、黎语、苗语、瑶语等，以及中国境外的泰语、缅甸语等可能是亲属语言。

古代汉语是与现代汉语相对的一个概念；就时代说，在现代汉语乃至近代汉语形成以前的那个时期的汉语就是古汉语。由于语言的发展是渐进的，由旧质到新质的过渡阶段应该是很大的。严格说来，我们自然不可能指出哪一年是汉语的某一历史时期的开始，甚至不可能指出是哪一个世纪开始。不过一般的语言历史分期却并不要求这样严格，倒可说是从某一世纪开始到某一世纪为止。因此有人提出了如下汉语历史分期的意见：

（一）公元3世纪以前（五胡乱华以前）为上古期。五胡乱华对汉语有重大影响,因为西晋政权被推翻,部族融合了,北方流民大批南下。

(3、4世纪为过渡阶段。)

(二)公元4世纪到12世纪(南宋前半)为中古期。

(12、13世纪为过渡阶段。)

(三)公元13世纪到19世纪(鸦片战争)为近代。

(自1840年鸦片战争到1919年五四运动为过渡阶段。)

(四)20世纪(五四运动以后)为现代。(见王力《汉语史稿》上册)

以上各个时期有各个时期的特点(这在讲汉语史的专门著作中有具体说明)。至于把甲骨文以前的时代叫做太古期,把那个时期的汉语叫做太古期汉语,那样分期事实上没有多大意义,因为我们根本无从了解当时的语言状况及其特点。

不过从各个时期汉语特点看来,汉语的发展变化是由一条明显的线索贯串下来的。可以说古汉语是现代汉语发展的基础,现代汉语是古代汉语的继承与发展。

学习和研究古汉语,要知道语言是发展的;学习和研究现代汉语,也有必要了解古汉语及其发展演变。我国古代学者已经认识到语言是发展的,并且注意到对语言历史的了解,如东汉末年郑玄就说"古曰名,今曰字"(《周礼注》);跟郑玄同时的刘熙,在他的《释名》里说"车,古者曰车,声如居……今曰车,声如舍。"其他许多古书的注释也常常有古今词汇不同、语音不同的话。

这些都正是从语言的发展上来进一步认识语言现象的。古人尚且如此,我们更应该重视语言的历史发展,重视古今汉语的关系。

语言的继承与发展,体现在语音、词汇、语法三方面。从语音方面观察,古今语音的变化是很不小的,但是它是按照一定的系统有规律地演变着的。了解它的演变规律,对读中国古代作品也有好处。读唐诗就少不了这些知识。比如:

君家何处住?妾住在横塘。

停船暂借问,或恐是同乡。(崔颢《长干曲》)

水国秋风夜,殊非远别时。

长安如梦里,何日是归期。(李白《送陆判官往琵琶峡》)

千山鸟飞绝,万径人踪灭。

孤舟蓑笠翁,独钓寒江雪。(柳宗元《江雪》)

第一首的"塘"和"乡"押韵,第二首的"时"和"期"押韵,第三首的"绝"和"灭"、"雪"押韵。这几个字在唐代的读音和现代的读音有相同的地方,也有不同的地方。"塘"和"乡"在一千多年前是押韵的,演变到今天仍然是押韵的;而"时"和"期"在以前是押韵的,今天却并不押韵,只在某些方言中才仍是押韵的;古代"绝"、"灭"、"雪"三个入声字押韵,今天汉语里"绝"读阳平声,"灭"读去声,"雪"读上声,声调不相同,照今天普通话的读音来念,那就不能不影响到原来的声律了。

语音的这种演变,是有规律可寻的。我们要是懂得古代的入声字在普通话中都分派到平、上、去声里去了这一条规律，那就会理解到"绝"、"灭"、"雪"古今为什么会有不同的念法，以及其他相类似的用普通话读唐诗时韵脚四声为什么常常不合的原因了。懂得"时"和"期"只在古代同韵，而现代普通话语音念起来不可能同韵，那也就会比较正确地来对待这些现象，不致像某些人把"时"读成像"席"，或者把"期"读成像"池"来胡乱凑合。

再看词汇，古今汉语词汇的变化也是不小的。那些如"人、铁、盐、牛、问、大、蟋蟀、同盟、逍遥、制度"等词，古今都相同，自然用不着多费心。那些古今不同的词，就不能不加重视。比如古代的"白日"和现代的"白天"意义基本一致而语素有所不同；古代"朋"、"友"和现代"朋友"意义也一样，而形式上有单音节和双音节之别；古代的"食"、"甘"、"廉"和现代的"吃"、"甜"、"便宜"意义也是一样的，而说法却全不相同。但话又得说回来，以上种种，只要平常稍加注意就不难掌握，使用起来只要拣现代通行的也就行；我们真正要特别重视的应是古代跟现代形式相同而意义已经变了的那些词。比如"金"这个词，在古代指一切金属，不是专指黄金（当然也可以指黄金），苏秦背六国相印，屡得金数百斤，这"金"就不专指黄金。还有些词，古代常用而现代不用了，也应有所了解，因为读古文时还得同它打交道。比如上古关于髭子曾有"髭"、"鬚"、"髯"三种说法：在口上叫"髭"，在颐下叫"鬚"，在颊旁叫"髯"，而后代人，特别是现代人，把髭子剃得光光的，已经不需多加分别了，只通称为髭子就够了。然而在古代不仅有严格区别,而且用得相当普遍。诸如此类现象,第三章词汇部分将具体谈到。

至于语法,古今也有差异。古代汉语语法实词活用现象很突出,比如"许子冠乎"的"冠"就是名词活用为动词;还有"衣"是用来穿的,就引申作"穿"用,"手"可以执物,就引申作"执"用。再有,"子何恃而往"、"时不我待"、"试之以足"、"勿会入山"等等,都是古汉语特殊句法。这些也将在第四章语法部分具体分析。

总之,古今汉语基本相同,也有不少差异。我们应当多注意它们的差异性,了解语言是不断发展演变的,尽管这种演变是缓慢的。

古汉语在历史发展演变中形成两个支流:文言与白话。

汉民族在商代就有成段的书面语言材料,比如甲骨文所记载的一些就是。在周代已经有更完整的书面语言材料,比如《诗经》所使用的就是。这些都是以当时口语为基础的,和当时口语基本接近。汉初以后,各时代文人的书面语逐渐脱离各时代的口语,成为一种特殊书面语。这种特殊书面语就是文言文。

文言文之所以特殊,是因为它具有人为性和综合性的特征;这种特征主要表现在词汇和语法上。汉代以后的文人写文章不根据当时的口语而使用秦汉以前书面语里的词汇和语法,摹仿秦汉以前文章的腔调,这是人为性。但是不同时代的汉语毕竟只是一种语言,后来的文人写文章一面仿古,一面不知不觉地把当时的口语的某些成分用到他们所写的文章里面去,这便是综合性。比如"市"这个词很早就有了,它原是表示交易物品的场所,可是到了唐宋时期,随着工商业的发展,市集的专业化,在它的基础上产生了"花市"、"灯市"、"卖马市"、"果子市"、"早市"、"夜市"等等的词群(词族),于是文人的笔下也自然而然地出现了"花市灯如昼"(欧阳修)、"灯市光相射"(周邦彦)之类的说法。又比如六朝以来"儿"有虚化用法,量词较广泛地使用,于是文人的笔下相继出现了"梁高祖小字练儿"、"何不巡营一遭"、"顿顿食黄鱼"等等说法。越到后来,它的综合性越大。综合的结果,它不仅积累了某一时期口语里的某些成分,而且积累了历代各时期口语里的某些成分。由于时代不同,加上人为性,现代人便感到古文难读;又由于综合性缘故,某些作品比另外一些作品好懂。《唐宋传奇》、《三国演义》比《史记》、《汉书》易读,韩、柳、欧、苏(欧、苏又比韩、柳流畅)也比先秦诸子文章易读,自然也可以从语言的综合性这一点上去解释。

但是,文言文尽管综合了历代语言成分,它还是严重地脱离了当时的口语。从秦汉到"五四"这一历史长河中,各时代都存在着另一种书面语,即古白话。不过由于古代广大劳动人民被历代封建统治者剥夺了受教育的机会,社会上只有一小部分人利用汉字写了文言文,记录口语的书面材料非常少,偶尔有一些,也残缺不全。唐宋以来,才稍微多出现了记录口语的新书面语,比如唐代僧人的语录、宋人的平话、敦煌石室的民间文学等。

它和当时口语一致,同今天口语也接近,读起来流畅而易懂。然而在封建社会里,统治阶级决不让这种新书面语代替旧书面语,新书面语只能在元明清的戏曲、小说等方面去发展,散文、诗歌仍然局限在文言文这种旧书面语的形式上。

综上所述,我们可以明确古汉语中有跟各时代口语不一致的具有人为性和综合性的特殊书面语,又有跟各时代口语一致的书面语。前者是文言文,后者是古白话,它们都是古汉语,是古汉语的两个支流。不过由于真正和口语一致的书面语保存下来不多,因此好多人就往往拿文言文来指古汉语。

明确以上问题以后,还得附带明确两个有关问题:第一,我们说文言文有它的人为性与综合性,这是用辩证的发展的观点来看的,我们不能因此而忽视语言的社会性与稳固性。第二,我们从语言学角度去认识文言文本质是有其重要性与必要性的,但不能因而贬低文言文应有的价值。我国几千年来的文献大多数由文言文记载下来,好的文言文议论酣畅,内容丰富,辞藻优美,表现技巧很好,我们要继承文化遗产,不能不懂得文言文。要懂得文言文,了解一些古汉语知识,这将是很有必要的。

第一章 文字

一、汉字的形成

一般从殷商的甲骨文字算起,汉字已有三千多年历史。如果从社会生产力发展状况中去推究,从新石器时代遗物中去考察,从殷商时代文字史料的积累中去探讨,可以断定汉字在殷代以前的夏代就初具规模了。它已经有四千多年的历史了。如果连同其原始阶段也算在内,该有五六千年的历史了。这里我们就回顾一下汉字这一漫长的历史吧!

(一)新石器晚期汉字已处于原始阶段

在原始社会后期,社会生产力不断发展,出现了农业、畜牧业和手工业的新分工,人们不仅要生产自己的生活必需品,而且还要生产一些作为交换的产品。面临着这一日益复杂的实际情况,光凭脑子记忆是不能适应社会发展的需求了,于是人们就需要创造帮助记忆的东西。我国古代传说中的结绳,就是帮助记忆的工具之一。

不过结绳之类有很大的局限性,还得采用其他方式来取代。西安半坡村遗址发现的距今六千多年的仰韶文化(黄河流域新石器时代的一种文化)的彩陶钵口沿外刻划着笔划简单但有规则的符号有22种之多,而且这一地点出现的同另一地点出现的,形状又往往相同或相似,这就不是完全与记事无关的。这些符号中的↑象矛,↓象草,彡、丨、刂、乂、入、十,同后来的甲骨文彡(勿)、丨(十)、刂(二)、乂、(五)、入(六)、十(七)都相吻合,多少给我们提供了汉字萌芽的历史见证。山东莒县章丘龙山镇城子崖出土的距今四五千年的龙山文化(新石器时代晚期的一种文化)黑陶尊外部,还出现了用偏旁构成的合体字。它表示早晨太阳初升的景象;○象太阳,⌣象云气承托着初升的太阳,象山有五峰形(古文字中的山多作三峰形,商器父壬尊的山作,则与此相仿,说参于省三),很可能是个后来简化了的会意字"旦"字。它已经不像所谓"记事图画"那样以整个图形和语言的片段相结合,而是和一定的词相结合了;也不像"记事图画"那样随意性,而具有一般文字的固定性了。汉字最早是独体的,后来有了会意字,才是合体字,可是"旦"这个合体字的产生还不算太早,在"旦"产生之前,汉字肯定已有相当长的历史了。再有甘肃和青海东部的马家窑文化(晚于仰韶文化)的随葬陶器上的记号,杭州良渚出土的良渚文化(晚于龙山文化)陶片上的记号,以及上海马桥出土的某些陶器底部的记号,也都是汉字萌芽状态的历史纪实。这些符号汇集起来,去了重复部分,已达50来个式样。现将这50来个式样汇集如下,以资参阅。

以下这50来个式样的符号,除了用来一般示意之外,可能是氏族的名称(有些同金文里的族名记号很相似)或地名等。总之,以上材料告诉我们远在新石器时代,居住我国广大地区的人就已经分别在各自的活动范围内创造了记事符号,尽管这些符号分散而不成体系,但可以说是汉字的雏形,毕竟给古汉字的形成以积极影响,成为汉字原始阶段的标志。

（二）由甲骨文推知汉字在夏代已初具规模

生产再往前发展，出现了阶级和国家的萌芽。许多部落方言逐渐集中而形成部落共同语。劳动人民在那原始符号形态基础上经过旧质要素的逐渐衰亡和新质要素的逐渐增加的过程而创造出了较高水平的符号来，史官一收集整理，便可敷衍记事，打破了语言在时间和空间上的限制，使汉民族有了成文的历史。这样，汉字积累到3000多年前的殷商时代，便已经相当丰富了。根据中国科学院考古研究所《甲骨文编》（中华书局1965年版）所收的字统计，字数已在4500个左右，能认识的已有900多。这些字主要是记录占卜的，但也不是完全局限于这方面。不过总的看来，它记录语言的功用已经很不小了，它反映出的内容相当丰富，给我们展示了当时社会的重要画面。它有的记录了表示一般自然现象及时令、方位的词（风、火、年、晨、东、上），有的记录了表示亲朋和称谓的词（母、友、客、我），有的记录了表示社会制度及风俗习惯的词（田、令、卜、礼、祀），有的记录了生产劳动和一般动作行为的词（渔、猎、问、追），有的记录了表示事物性质状态的词（甘、艰、长、大），有的记录了表示数目的词（千、万），有的记录了表示战争及武器的词（战、伐、戈、甲），有的记录了表示城郭房舍园囿交通道路的词（郭、门、囿、舟、行），有的记录了表示生产工具礼乐器具及日常用品的词（斧、网、鼎、鼓、帚、衣），有的记录了表示食物名称的词（米、酒），有的记录了表示奴隶名称的词(从、羌、臣、奚、妾、刍),有的还记录了当时就用来表示语法意义的虚词(于、自、问、从、又、及、勿、毋、不、其、弗、兮)等等。此外还记录了商王的世系、干支记日的六十甲子和十多种疾病的名称。凡此种种,明显地反映了当时生产斗争、阶级斗争、科学技术和日常生活各方面的历史概貌。除了以上这些河南殷墟的甲骨文字之外,陕西周原发掘的周文王时代的甲骨文,情况也基本相同。

由于占卜程式的限制,没有机会被卜辞所使用到的字一定还有,如"民"字在周初的青铜器铭文中已经常见,而在甲骨文中却没有找到它。看来现存的甲骨文字还不是殷代的全部文字,殷代文字肯定比现在所能看到的甲骨文字更加丰富。

再从甲骨文字的构造看,后人所谓的"六书",我们都可以从中找出相当多的例证。这时的甲骨文已经形成了独特的文字体系了。现行的汉字就是从甲骨文字发展来的。

二、汉字的构造

谈到汉字的构造,就要提到所谓"六书"。"六书"是前人分析汉字结构而归纳出来的六种条例。分析汉字的结构,早在春秋时代就开始了。当时已经有所谓"止戈为武"(《左传·宣公十二年》)、"皿蟲为蠱"(《左传·昭公元年》)的说法。到了战国时代,《周礼·地官》提到"六书"这个名称,但没有具体的叙述。汉代"六书"理论逐渐趋于成熟,特别是东汉的班固、郑众和许慎,他们都分别提出了"六书"的名称。不过班固、郑众、许慎三人所说的"六书"的名称并不完全一致,"六书"排列的次序也有所不同。尽管如此,他们的共同点还是从汉字的实际情况出发,兼顾到汉字的历史发展。

班固的"六书"名称和次序是:

象形、象事、象意、象声、转注、假借;

郑众的"六书"名称和次序是:

象形、念意、转注、处事、假借、谐声;

许慎的"六书"名称和次序是:

象形、指事、会意、形声、转注、假借。

班固、郑众列举"六书"的名称,却没有说出"六书"的定义。许慎举了"六书"的名称,也说出了"六书"的定义,还举了字例。可以说,文字学理论在许慎时才基本成熟。

依照许慎《说文解字·叙》中的叙述,"六书"的定义和字例是这样的:

象形者,画成其物,随体诘诎,日、月是也;

指事者,视而可识,察而见意,上、下是也;

会意者,比类合谊,以见指㧑,武、信是也;

形声者,以事为名,取譬相成,江、河是也;

转注者,建类一首,同意相受,考、老是也;

假借者,本无其字,依声托事,令、长是也。

根据"六书"的定义和字例,我们不妨作较具体的解释。

象形就是纯表形的文字,它随着实物形体的曲折加以描摹而成,比如"日"作⊙或⊖,"月"作☽或⊃,"目"作🝆,"水"作〣,"舟"作🚢等等;又如"牛"作半或𐬥,象显著特征部分,"羊"作𐤟,也象显著特征部分。由于"日"是始终圆的,"月"是圆的时候少而缺的时候多的,所以用不同的写法来表示区别;当中加点,要不是用来象太阳月亮里那隐隐约约的黑影,就是为了填空吧。这种象形字发展到后来,已经成为不象形的象形字了。那里有长方形的太阳呢?"日"与其说象太阳,倒不如说象一扇玻璃窗了。又哪里有长条头的月亮呢?"月"与其说像月亮,倒不如说像把竹梯子了。这种跟实物不像的象形字,人们难从它的形体去辨认,它只不过是一种表意的符号而已。这自然跟刻写工具和刻写习惯、能力有关系,用刀刻划圆形弧形毕竟不太方便。

古人遇到抽象事物不能直接勾画出形象来,就在象形基础上加用符号来示意,或者全用简单的符号来示意,表明一种抽象的意象,以引起人们联想,这就是指事。指事是用来补救象形的局限性的一种方法,比如"刃"作𠚣,是"刀"这个象形字上加象征性符号,指出这是刀口,锋利的部分;"上"作⊥或⊥,"下"作𠄌或𠄌,是纯象征性符号:一横表示准线,一点或一竖表示位置的上下。

象形字和指事字本身都是不宜分割的整体,因此都属于单体字(或称独体字)。可是有些事物无法象形,也很难用一个图形加符号或纯用符号来表意,古人就用两个或两个以上的单体字组成合体字来表示一个新的意思。这就是会意。会意也是用来补救象形的局限性的一种方法。比如"莫"作▨,象太阳西下在天边草丛中的意思;"见"作▨,下半部是侧面的人,上半部是睁大的眼睛,表示看见的意思;"走"作▨,上面的▨象人两手摆动走路,下面的▨是▨的变体,表示脚行动,"牧"作▨,一只手拿根鞭子赶牛,表示放牧的意思;采作▨,如爪放在树木上,合成为采摘的意思。又如"止""戈"为"武"、"人""言"为"信"、"力""田"为"男"、"女""帚"为"妇"、"角""刀""牛"为"解"等等,也都是会意字。这种会意字发展到后来,也成为不会意的会意字,如▨隶书作"走",楷书写成"走",全都变了样,无法会意。

象形字、指事字、会意字的原始形象多少跟实物或事件有关,本身没有任何声音标志,只有习惯的读音。当语言中某些词没有文字代表的时候,人们常借用原有习惯读音的词来记录音同而义不同的词,这就成为假借字,比如"难"本是鸟名,后来假借为"难易"的"难";"笨"本是指"竹裏",后来假借为"笨拙"的"笨"等等都是这类情况。

这种借字表音、寄托新义的假借方法运用得多了,意义自然容易混淆,古人便另想了一个造字法"以救假借之穷",这就是用声符(或叫"声旁")表示读音,用形符(或叫"形旁")表示意义类别,构成半形半声的形声字(当然也是合体字),比如"江"从"水"

从"工","水"表形而"工"表声;"河"从"水"从"可","水"表形而"可"表声等等。又如"菜"、"桐"、"鸠"、"嶺"、"闷"等等也都是用这种方法构成的形声字。看到形声字,我们可以知道它的读音,了解它表示的事物的属性。这种形声兼顾的造字法比较简便,也适应词汇不断扩大的需求。

有些形声字同一部首,音近义通,可以互相训释,这又另成为转注字了,比如耂(老)与耂(考)部首相同,读音相近,"老"可以训"考","考"也可以训"老"等等。转注同假借相对,假借一字数用,转注则一义数字。

对于转注的"建类一首,同意相受"这一定义的解释,历来分歧最多。有以一首指字形上同一部首的("考"和"老",同属"老"部);有以一首指词源上同韵或同声的("考"和"老"同属一韵,"颠"和"顶"同属一声);有以一首指同一主要意义的("考"和"老"两字主要意义相同,可以互训)。转注的几十家不同解释,大致可以归纳成为以上"形转"、"音转"、"义转"三说。主形转的,以南唐徐锴和清代的江声为代表;主音转的,以近世章太炎为代表;主义转的,以清代戴震、段玉裁为代表。这三说集中表现在对"首"字理解的不一致。追根寻源,毛病出在许慎下的定义里的"首"字的不同理解上。许慎一定要用四个字的句子,还要押韵,而不管意义是否明确,结果使人可以这样说,也可以那样说。

"六书"是汉字相当完备时的一种分类法。这种分类法只是后世对于文字分类的一种学说。既是一种学说,就有补正发展的余地,不宜把它奉为天经地义的。清代戴震就说:"象形、指事、形声、会意,四者字之体也;转注、假借二者字之用也"。这种"四体两用"就已经打破了《汉书·艺文志》古注里的"六书造字之本也"的原则。

"六书"学说所根据的是离乱而难以找出比较有系统的战国文字资料,那当然是不会完整的。许慎在《说文解字·叙》里虽然说过"郡国亦往往于山川得鼎彝,其铭即前代之古文"这类的话,可是《说文解字》一书中说字体的出处的却没有一条是前代某某鼎彝上的。就是攴部"庋"字下面有一"庋"字,解说"秦刻石峄山文庋字如此",这也仅是秦的刻石,原来属于小篆的另一种写法。现在不同了,不但从地下发现商周两代的金文,而且还出现了商朝后期的甲骨文字,这些新出现的文字比汉朝人见到的文字早千余年,资料的丰富,是过去任何时代所没有的。这样,我们研究文字的产生过程不再是绝对地循着"六书"途径,而将是要更好运用这些新的资料,了解文字的发展渊源,研究其内在联系。

三、汉字的制度

汉字记录语言时,自甲骨文以来,就综合运用着表形、表音、表意三种方法,长期处于形、音、义的混合表达状态。为什么是这样的呢？因为单纯依靠表形或表意难以记录出语言中所有的词，仅表形或表意也难以构成一个完整的文字系统。而这表形、表意、表音三种表达方法中，起主导作用的是表意。如果我们以汉字的整个状况为依据而不是以其中的部分状况为依据，就应该说汉字是以象形为基础、表意为主导而兼有表音因素的表意制文字。

表意制文字在历史上只有在中国保存下来并沿用到现在。它能保存下来并沿用到现在，跟汉族人民历史发展的特殊性和汉语的固有特点分不开。中国自从脱离奴隶制进到封建制以后，其经济、政治、文化就长期地处在发展迟缓的状态中。而汉字受社会制约，汉字的发展自然也是迟缓的。加上汉语里的词没有什么形态变化，语法关系主要靠词序来表达，这也给表意制文字的长期保存和沿用提供了重要的条件。

也许有人会觉得汉字综合运用了表形、表音、表意的表达方法，就说汉字是"意音文字"或"形声制文字"，这却大可不必。而且严格地说，这也跟事实不符。尽管现阶段形声字剧增，并继续辅以假借之法"以救造字之穷"（不过假借字在形声字恶性发展及方言分歧情况下，毕竟难以发展），而其表意制并没有改变。就拿形声字说，它在现阶段的汉字中确实占了95％以上的绝对优势，但是必须指出，形声字的本体即字根部分"声旁"，毕竟是笨拙的符号。它不能灵活表音，不能准确记录语音各种变化及由这种变化所表达的语法关系；尤其是词的轻声不断产生，不仅使汉语语音增加新的色彩，而且使新的语法因素从语音上表现出来，形声字更是根本无法反映。加上古今音、地方音的差异，形声字的局限性就更大。另外，形声字的声符相当一部分同时又兼有表意作用，正如张世南《游宦纪闻》里所说的那样："青为精明之义，故日之无障蔽者之为晴，水之无溷浊者为清，目之能明者为睛，米之去粗皮者为精。"《说文通训定声》的作者朱骏声从"声读法"角度还找出许多声旁表义的例字。如此等等，硬要把形符、声符分属于表意和表音两个范畴，实在是不大可能的了。王安石的《字说》为历来的小学家所排斥，但他说"凡字声都有义"，就不是完全没有道理的。如果把汉字声旁作用强调到不适当的程度，从而断定汉字是意音制文字或者形声制文字，那就势必遮掩了汉字的表意性实质，会使人产生某种错觉。

形声字的产生只是冲击了汉字制度，使表意制汉字增添表音成分，却终究未能破坏汉字的基础，彻底摧毁汉字的表意制度。说到底，形声字受形符羁绊，声符又无法准确表音，它本身只不过是一种变相的表意字而已。它既把以假借字为代表的表音趋向遏制住了，又延缓了汉字向纯粹表音文字发展。汉字的表意性实质给汉字的发展造成严重危害，这是我们有目共睹的。

四、汉字的体态

汉字体态，是指汉字形体的笔画姿态。

随意刻划记号和描绘形象,这在甲骨文字产生之前就有了。从殷代甲骨文到秦代小篆,这是汉字体态发展演变进入了第一阶段。殷代也有少数金文,还有更少数的石刻文,如《小臣系 毁》(按"毁"guǐ即"簋",过去金石家曾误解为"敦")断耳铭文与三具石磬上的刻字(唐朝人误认为是籀文),那是殷代后起的文字,同甲骨文已有差别。西周王室器皿的铭文和东周诸侯王臣器皿的铭文,形态更是多种多样。但总的说来,从甲骨文到篆书,汉字已由不够整齐而趋向条理性。春秋末年南方吴、越、蔡、楚等国文字曾经出现与绘画相仿的体态,有的或在笔划上加些圆点,有的或另加鸟形之类用来装饰,而且故作笔划姿态,那只是汉字发展中的支流。后来的缪篆、鸟篆或虫篆也许跟这有联系。明代闵齐伋《六书通》前页的印文中所谓"福寿图"的"福"字达106个式样,"寿"字达290个式样,也不是跟这毫无相似之处。这些自然都不能列入汉民族共同使用的文字之林,不能同一般汉字等量齐观。

从小篆到隶书,是形成汉字基本体态的过渡阶段。秦统一文字于小篆是一大功绩,但更大功绩还在于采用了隶书。"隶书者,篆之捷也。"(晋代卫恒《四体书势》)采用隶书对后来汉字体态的发展演变颇有积极意义,对更好发挥汉字职能也颇有积极意义。

从隶书开始,汉字体态发展演变跨进了第二阶段。隶书打破了篆书的图形性,增强了符号性,一般认为是"隶变";"隶变"

把篆书圆转屈曲的笔形变为方折平直的笔形，体态从圆化到方化，出现波折，打下了汉字字形定型化的基础。木刻板使方化进一步发展，成为真正的"方块字"。后来的楷书体态更趋均匀化，曾经被认为难于归类的笔划合并成了点、横、竖、折、撇、捺、挑、勾八种；一个点子代表了篆书许多种不同的笔画，如"鹿（𢊁）""良（𩙿）"、"市（㐭）"的上头原来都不是点，定型化以后的楷书便都用一个点来表示了。晋朝卫夫人的所谓"七条笔阵"和唐代张怀瓘的"永字八法"，实际上成了汉字笔划笔势的"总结"。字形与书法关系极为密切，这时候，文字向书法发展，也达到了有意识的程度和相当成熟的阶段。

在汉字的历史长河中，书写工具的变换和改善，为汉字形体的演变创造了重要条件，起了有力的促进作用。甲骨文基本上是用刻刀在甲骨上刻划出来的，一般是细线条的，没有瘦肥分别，圆圈也不易刻好。金文通常用模子铸出来的，可以细细加工，笔划也较宽而齐整，而且有瘦肥之别。战国时代的蝌蚪文，用竹梃点漆书写，因竹硬漆腻，写不成行，以致头粗尾细，形似蝌蚪。小篆笔划较圆转；隶书变圆形为方形，变弧线为直线，有波磔；楷书有撇捺等等，都是使用毛笔的缘故。同时这跟人们要求提高书写效率也有密切关系，比如隶书的"燕尾"笔势，运用起来不方便，而且只是装饰性的东西，并无实际意义，为了提高书写效率和切合实用，它就逐渐被扬弃掉，而向着楷书过渡。

在汉字形体发展演变的历史进程中，还值得一提的是草书。

如果从广义说,草书必先于篆书、隶书、楷书。我们暂且不说汉字在原始阶段是草率的,也不说甲骨文也有草率的,就是在篆书时代,也可以看到草篆;隶书时代,也可以看到草隶;楷书时代,也可以看到今草。草书是人们实际使用文字时应急写成的,工整的篆书、隶书、楷书是后来经过加工而产生出来的。为了补救楷书的不便书写和草书的难于辨认,还产生了行书。行书是介于楷书和草书之间的字体。行书的特点是以楷书为依据,又加了一些草书的写法,写起来不如楷书整齐匀称,又没有草书那样潦草。楷法多于草法的叫行楷,草法多于楷法的叫行草。至于那些自汉代就出现的"隶草"变成一笔而成的"今草",进而发展至唐代字字勾连的"狂草",已经显得更加放纵了。"狂草"不限于形体改变,构形也大变,随意性很大,字与字还往往出现雷同,实用性受到很大局限,因而"知音"的人也就越来越少。这从作为应用工具说,只好另作别论了。

汉字的不同形态,在不同的历史时期出现,这是一方面;另一方面,也存在多体并用现象。比如秦有八体:大篆、小篆、刻符、虫书、摹印、署书、殳书、隶书,分别应用于简册、符信、玺印、官狱事务等方面,秦以后的碑刻、经文、公牍、尺牍、文稿等,一般也各有专用字体。

汉字的形体上面已经简略谈过了,现在拿"鱼、虎、鹿、马"四个字用七种主要字体写出来,以示字形演变的梗概(现行楷体简字顺便附在最后)。

象 馬 鹿 虎 魚
象 馬 鹿 虎 魚
象 馬 鹿 虎 魚
象 马 鹿 虎 鱼
象 马 鹿 虎 鱼 (虎、鹿仍用楷书)

五、汉字的趋势

从汉字的构形看,汉字组成基本方式有三种:一种是上下结构,如"空"字;另一种是左右结构,如"河"字;还有一种是内外结构,如"问"字。这三种结构如果再加分析,有些字的组合还更复杂,如蒇🉂、锄🉂、固🉂、阔🉂、韶🉂、攀🉂、叠🉂。但是,几千年来,汉字拘守构形而又不断打破构形。汉字构成方式固然基本未变,毕竟还是由繁趋简,有几种写法的异体也不断被淘汰。

汉字构形很早就存在繁化和简化的矛盾。我们从殷商甲骨文里看到的"莫"字(即后来的"暮"),就有繁体🉂和简体🉂的不同写法。有些字简化的写法还有好多个,而且简而又简,如黍的繁化是🉂,简化后则成🉂、🉂、🉂,笔画一个比一个简省。再上溯到新石器时代的陶文🉂,到甲骨文时则简作🉂,到了比甲骨文稍后的钟鼎文时则简作🉂,也可看到汉字更早期的简化现象及其历史线索。秦代的小篆未省改的多半是繁体,省改的则是简体。汉代的隶书和魏晋以后的楷书,这种情况同样相当多见。

汉字繁简并存是汉字形体的对立统一。汉字从其前身的图形演变而为记录语言的符号,一种情况是保留较多的图画成分,写出来的字多数是繁体;另一种是加强符号性,写出来的字往往成为简体。在同一个时期内一个字繁简并存同时又相互排斥,发展到另一个历史阶段或在某种特定条件下,繁体就必然为简体所代替。像"车"字,在历史上有过十来种写法,后来其他的写法就都一一被淘汰掉了。又像"采"字,本来不太繁,后来加了"扌"成"採"而变繁了,但现在它毕竟又简化成原来样子,主流仍然是简化。同样情况,金文的𤜵(盂鼎),石鼓文写作𤝢,增加了"犬"旁,反而跟甲骨文相似,而现在终于又简写作"兽"。至于"鳳皇"写成"鳳凰"("鳳"从"鸟","凡"声,"皇"原不应加"凡"),"皇"繁化成"凰",这是双音词中两个汉字互相影响而产生的"类化";三国时代以前"莫"字民间开始把它繁化成"暮",那是为求形体精密地记录语言而产生的"异化",这些都应该另行看待。汉字构形发展的总趋势还是由繁趋简的。

总之,汉字构形的演变就是这样一个由繁趋简的不断运动。促进由繁趋简演变的重要因素则是汉字使用的频繁与扩大。也可以这样说,汉字构形的演变固然有其结构自身的因素,而社会的政治、经济、文化、科学技术的发展,则对汉字发展有着积极影响。汉字的笔划简化如此,汉字有几种写法选用一种写法的异体规范也是如此。

汉字形体分歧,缺乏严格的规范,这也是几千年来一直存在着的历史事实:同一片殷商甲骨上出现的"灾"字,就有𢆉、𠂇的异体;两周同一个器物上两个"宝"字,一个从"贝",一个从"鼎";同一器物,器和盖上的两个"率"字写法不同;同一个人所作的器物上,一个字有几种写法。春秋战国时期,各国"语言异声,文字异形",同一个字写法不一样的也不少。比如当时的"簠"就是

"牆"的异体字(见孙诒让《古籀余论》);"秦"籀文作🅇,属于六国文字的许子妆簠(按:许子《春秋》称男,而后称子)则写作🅇。李斯等人整理文字,包括淘汰大量区域性的异体字,使分歧杂乱的六国文字有了明确的规范。

秦代文字的规范化是整理、统一和简化合并进行的,即确定各种偏旁符号的形体,固定每个偏旁符号在一个字里的位置,规定一个字由哪些偏旁组成。这样,每个字的形体结构和笔画基本上统一起来,为以后汉字构形的发展打下了基础。秦以后的两千年中,特别是楷书通行以后,汉字数量更是有增无减,其中有些异体被淘汰了,而新的异体又相继产生。因此,废除异体工作也总是持续不断地进行着,汉字的构形不断地演变着。

以往曾有汉字改革的理论研究与实践活动,这是基于如下几点考虑:

(一) 从汉字的基本职能看

汉字的基本职能是如实地记录汉语,辅助汉语发挥交际效用。但是,汉字不是表音文字,字形读不出字音,听到一个音节不能准确写出字形(音同字不同的很多);不能独立构成音节的语音(如现代汉语的"儿化")以及音变、轻声等难于表示;几个字记录一个多音节词,朗读、书写不便,字词界限不清;随着双音节和双音节以上的词增多,形声字的形旁更成累赘("蝌蚪"的"虫"旁就是累赘,写成"科斗"完全可以理解);加上方言分歧,汉字因不能表音而不利于推广普通话,不利于促进语言统一。这一切,便使汉字基本职能的体现受到很大限制,不能适应汉语的发展。

(二) 从"形声"特点看

由于汉字不是表音文字,古人想了很多办法给汉字注音,如古代的读若、直音、反切以及现代的注音等等。形声字给汉字带上表音因素,这是积极的一面。但发展到后来,声符仍然不能准确表音,比如"扔、打、批、扶"这四个形声字的读音和声符"乃、丁、比、夫"的读音都不相符合:有的声韵都不合,有的声合韵不合,有的韵合声不合,有的字调不合;有好多个形声字同用一个声符,而读音不一样,比如"推(tuī)"、"准(zhǔn)"、"淮(huái)"、"焦(jiāo)"的声符都是"隹(zhuī)";有些形声字用的形符和声符不确定,在"推、准、淮、焦"这些字里的"隹"是声符,在"雄、雌、雉、稚"这些字的"隹"是形符;还有些字形符和声符可以调换,如"够"可以写成"夠",有些字形符和声符不能调换,如"架"和"枷"不是同一个字。总之,形声字仍然有其严重缺陷。

(三) 从实际需要看

汉字既不能准确表音,又极繁复,不能适应实际的需要,比如它不利于彻底扫除文盲,不利于提高教学质量,不利于国际文化交流,不利于信息化,影响现代先进科学技术的发展。

1986年,国家制定了新时期语言文字工作的方针、任务,主要是促进语言文字规范化、标准化,使语言文字在新时期发挥更积极的作用。在汉字方面,不再进行汉字改革实践,把工作重点放在汉字规范化方面,以利于社会的应用。

六、过去对汉字的研究

研究文字的产生、发展、性质、体系,文字的形、音、义的关系,正字法以及个别文字演变情况的学问叫文字学。中国文字学以汉字为研究对象。过去的中国文字学不但研究汉字的字形,而且研究字音和字义(实质上就是语音和语义)。这样,文字学就把语言学的一般研究对象也包括进去了。过去专门研究字音而作为文字学的一个分科的是音韵学;研究字义也有一个分科,就是训诂学。近年来人们已经把两个分科划到文字学范围以外,文字学的内容就比较单纯了。汉字历史悠久,结构复杂,文字学在我国也就特别发达。历来对文字学有过专门研究和一般论述的,有三百余家,其著作浩如烟海,下面只能择其要者作些介绍。

我国注意汉字研究很早。据说周代的太史籀就编纂了《史籀篇》,大概传到汉朝就不完整了。

秦代的字书比周朝多了,曾有李斯《仓颉篇》、赵高《爰历篇》、胡毋敬《博学篇》。这三篇"文字多取《史籀篇》"(班固语),到汉朝初年合为一篇,统一定名为《仓颉篇》。这些都还不是精研剖析文字的作品,有点儿像后世"日用杂字"、"三字经"、"百家姓"之类。汉代还有司马相如《凡将篇》、史游《急就篇》等,但同《仓颉篇》一类相仿,也不是精研剖析汉字之作。

全面分析研究汉字的著述,最早的要算东汉许慎的《说文解字》了。这部书收9353字,以小篆为主,古文、籀文等异体,则列为重文。全书按部首排列,分540部,同一部之字,意义有关的列在一起。对每字的解释,先明意义,次析结构,兼顾读音。这部书编法切合汉字特点,内容充实,为后人所重视,所以它的影响很大。尽管解说也有错误,并具封建伦理观点,杂以迷信成分等,但仍不失为我国第一部系统的分析字形和考究字源的有价值的字书。比方说,猛禽类如何攫食小动物,曾被中外生物学界认为久久未能揭开的谜,20世纪60年代我国科学工作者从实际观察中,发现猫头鹰吃老鼠一类小动物是整吞的,吃完后皮毛搅成一团吐出,这被有些专家看成揭示了生物界的一个秘密,并拍成了科教片。可是我国古代的"狐"字却早就记录了当时的语言而反映了这一事实。《说文解字》中"丸"部作过这样的解释:"狐,鸷鸟食已,吐其毛皮如丸,从丸,咼声,读若骰"(例说转引自陆宗达《说文解字的价值和功用》一文,《北京师范大学学报》社会科学版,1978年第3期)。不难看出,许慎在分析字形考究字源方面是值得肯定的。

继《说文解字》之后,有晋代吕忱的《字林》(清代任大椿有《字林考逸》、陶方琦有《〈字林考逸〉补本》)。部目依据《说文解字》也分540部，共收12824字。它"首定隶书，次存篆字，以补《说文》所阙遗"。在唐朝以前，同《说文解字》并重，可惜今已失传。

南朝梁陈之间顾野王的《玉篇》收16917字，每字下先注反切，再引群书训诂，解说颇详。对字形，注重篆隶的变迁，不像《说文》注重探古籀之原。部首名目、次序、数目与《说文》略异，其余都仿照《说文》编排。后来经梁萧恺、唐孙强、宋陈彭年屡加增改，渐失旧观。清代黎庶昌出使日本，得唐写残本四卷，刻入古逸丛书内，可惜所存仅二册。

唐代为求书写合乎规范，有不少订正文字的著述。值得一提的是颜元孙的《干禄字书》。此书为章奏、书启、判状而作，所以叫"干禄"（意即求禄位）。它以四声隶字，又以206部排比字之先后，每字分俗、通、正三体，收录了不少当时已经通行的简化字，考辨比较详细，有助于当时识字及书写规范的建立。同属于订正文字一类的还有颜师古的《匡谬正俗》，张参的《五经文字》，玄度的《九经字样》，杜延业的《新定字样》，欧阳融的《经典分毫正字》等等。这些书考证文字，也多所订正。

宋代郑樵始作"六书"理论研究，其说见所著《通志略·六书略》。属于编纂文字的，有王洙、司马光的《类篇》，其大体乃依据《说文》。属于辨正文字的，有郭忠恕写的《佩觹(xí)》。属于注疏字书的，有徐锴的《说文解字系传》，它注意到形声相生、音义相转之理。

宋代还开始对古文字的搜集、研究。郭忠恕的《汗简》依《说文》分部，录存古文字。所征引古文诸书，今多不存，而所录古文字，同近代出土的《三体石经》多相符合。清代郑珍有《汗简笺正》可供参考。吕大临的《考古图》是考释钟鼎文字的第一部著作。王黼等撰《宣和博古图》所录系徽宗宣和殿所藏古器文字，但颇多附会。薛尚功的《历代钟鼎彝器款识法帖》，著录历代彝器 510 件，除摹录其文字外，并加以考释；宋代所出青铜器有铭文的，十分之七八收进此书。书中又有"周鼓"即"石鼓文"，是石刻；"秦玺"是玉器。薛尚功又著《广钟鼎篆韵》，今已失传。王俅的《啸堂集古录》所录钟鼎彝器铭文、印信，摹写工整，释文也还正确。此外，还有欧阳修编《集古录》、赵明诚编《金石录》等。

宋代也颇注重对汉隶的考释。洪适(kuò)曾集录汉碑文字编为《隶释》、《隶续》等书。娄机的《汉隶字源》，录汉碑 309 种，魏、晋碑 31 种，各记其时间、地点及书写人姓名；形体异同，则随字附注，可作研究隶书及汉字演变的重要资料。

元代研究文字的学者继宋末余风也重于对"六书"的探讨。除宋元之际戴侗的《六书故》之外，还有杨桓的《六书统》；此书旨在以"六书"统诸字，与戴侗《六书古文》相仿，颇多糅杂。周伯琦的《说文字原》一卷，附有《六书正伪》五卷，推衍《说文》，参以己见，而比起杨桓的《六书统》，条理还清楚些。

明代较重视改革检字方法。梅膺祚的《字汇》以笔划多寡为依据来排部首次序，同部首的字也依笔画的多寡为排列先后的标准，颇便于检字，对字义的解释也算清楚的。都俞的《类纂古文字书》与此相仿，亦较《说文》、《玉篇》、《类篇》易检。此后张自烈的《正字通》，沿用了《字汇》的办法，同时对编排注释又有所改进。

明代还有赵谦的《六书本义》、魏校的《六书精蕴》、王应电的《同文备考》、赵宧光的《说文长笺》和《六书长笺》，以及叶秉敬的《字孪》、焦竑的《俗书刊误》等等，则都属于解释、订正文字的著述。

清代继张玉书等的《康熙字典》之后，乾隆、嘉庆间汉学兴起，汉学家反对宋学家空谈义理的风气，认为明了声音、训诂的学问才能通经学；而识字是读经的开始，因而很重视文字学。这样一来，往后的文字学就大兴了。

属于辑集散佚字书的，有任大椿的《字林考逸》、《小学钩沉》和孙星衍的《仓颉篇辑》；

属于考证注疏字书，而对《说文解字》作全面研究的有段玉裁《说文解字注》、钮树玉的《段氏说文注订》、王绍兰的《说文段注订补》、冯桂芬的《说文解字段注考正》、桂馥的《说文解字义证》、朱骏声的《说文通训定声》、王筠的《说文句读》等等。

此外，大多是对《说文解字》作部分的研究。

清代研究《说文》的人很多，比较负有盛名的有段玉裁、桂馥、王筠、朱骏声四家，而其中特别是以段玉裁最受人推崇。

段玉裁的《说文解字注》首先根据《说文》体例和宋代以前群

书所引《说文》辞句，以校正其讹脱；再用古书上所用字义，以阐明《说文》的说解和一字多义的由来。它创通条例，联系音韵和训诂，对汉字研究颇有贡献。但改动原文，增删篆文，不免有武断之处。

桂馥的《说文解字义证》多征引古书以推寻《说文》解说的根源，前后各说，相互补正，排比有条理，资料亦丰富。但嫌泛及词藻，体例不甚谨严。

王筠的《说文句读》采掇段玉裁《说文解字注》、桂馥《说文解字义证》及其他研究《说文》诸书，删繁举要，改订精审，间申己意，也很精确；又，《说文释例》前14卷说明"六书"及《说文》条例、体制，后6卷列出对于《说文》的一些疑问，并分别于各卷后附"补正"（常用金文古文来补正《说文》的形体和解说），还兼述自己的研究方法，便于初学。

朱骏声的《说文通训定声》，根据《说文》9000余字，又增附7000多字，从中分析形声声符1137，再依古韵归并为18部，变更《说文》体例，按古韵及形声声符排比，详加说明，以明音义关系。

清人研究《说文》的书百余种，丁福保编《说文解字诂林》（1928年），各家论说几搜罗无遗。

清代也有人致力于碑文的搜集、整理。顾霭吉的《隶辨》钩摹汉代的隶字碑文，以宋代娄机《汉隶字源》为蓝本并补娄氏所未备，据《说文》辨其正、变、省、加。从这本书中可以窥见篆、隶变迁的痕迹。此外还有翟云升的《隶篇》等等。

清光绪二十五年(1899年)开始,前人所未见的甲骨文字在河南安阳小屯村先后出土,为研究古文字提供重要资料。最早整理、研究甲骨文的著述有《老残游记》的作者刘鹗于光绪二十九年(1903年)所编的《铁云藏龟》。其后有罗振玉的《铁云藏龟之余》、叶玉森的《铁云藏龟拾遗》、李旦丘的《铁云藏龟零拾》等。孙诒让据《铁云藏龟》加以考释,写了第一部考释甲骨文的著作《契文举例》。

辛亥革命后,文字的研究偏重于金文与甲骨文。金文方面,罗振玉的《三代吉金文存》著录传世的殷代周代青铜器铭文拓本4831器,材料很丰富。但分类不当,且无图象和说明,参阅不便。郭沫若的《两周金文辞大系图录考释》、容庚的《金文编》等,内容丰富多彩,也便于参阅。甲骨文字方面,罗振玉的《殷虚书契考释》搜集材料也不少。解放后,中国科学院考古研究所将历来于小屯村发掘的甲骨文编辑成《甲骨文编》(引书40种),其"正编"和"附录"所收共计4672字,去了重复部分,约在4500字左右。70多年来,甲骨文的研究已取得了相当大的成绩,除上述有关研究成果外,郭沫若的《卜辞通纂》、唐兰的《殷虚文字记》、孙海波的《甲骨文编》也都有参考价值。陈梦家的《殷虚卜辞综述》,曾对甲骨文的发掘、研究及有关情况做了综合的说明。

现代对甲骨文、金文以及《说文》深有研究的还很不少,商承祚、唐兰、马叙伦、蒋善国等都有专门著述,就不一一列出了。

下面还必须指出的是：自从清末以来，人们越来越感到汉字学习与使用都很不便，同时又受西洋传教士使用拼音文字的影响，便有改革汉字的想法，因而开始进行研究汉字拼音化的工作。光绪末叶有卢戆章的《中国第一块切音新字》、蔡锡勇的《传音快字》、王照的《官话合声字母》、劳乃宣的《增订合声字谱》等书出版。自然，汉语拼音的历史，如果从反切法在古籍上正式使用的东汉时代算起，已经有1800多年了。但是有目的的具体的汉字拼音运动，是清末才开始的。这个运动可以分为四个阶段，即：清末的汉语拼音运动（又名"切音字运动"）、辛亥革命后的"注音字母运动"、"五四"运动后的"国语罗马字运动"和第二次国内革命战争时期开始的"拉丁化新文字运动"。今天的汉语拼音方案，可以说是1800多年来汉语拼音历史的结晶，也可以说是近80年来近代民族汉语拼音方案的总结。

汉字改革的研究已有近80年的历史，逐渐为人们所重视。中华民国时期出版的有《国语月刊》的"汉字改革号"、李中昊的《文字历史观与革命观》、倪海曙的《中国语文的新生》等等。还有罗常培的《国语字母演进史》、黎锦熙的《国语运动史纲》、陈望道的《拼音文字的演进》等等。陈著是总结性论文，是介绍清末汉语拼音或文字改革的历史的重要著作。中华人民共和国成立后，汉字改革工作有了空前的发展。汉字改革的著述很多，《第一次全国文字改革会议文件汇编》就有很多重要论述。周恩来总理的《当前文字改革的任务》对汉字改革工作还做了非常具体的指示。此外,倪海曙的《清末汉语拼音运动编年史》、周有光的《汉字改革概论》以及有关汉字改革的专刊、小报,对汉字改革的理论探讨和革命实践都起了积极的作用。现在,虽然国家的语言文字工作任务与以往有所不同,但是汉字改革的历史贡献是不可磨灭的。

以上简单说明了历来人们对汉字研究的概况。人们在分析研究汉字的过程中,有许多看法还很不一致,这也是难免的。

七、汉字的学和用

汉字是世界上历史最悠久的文字之一。由于每个汉字有各自的形体、读音和意义,书面语得以基本统一,使不同时代的人能沟通思想,不同地区的人能互相交际。早在春秋战国时期,"文字异形",但各国间的盟约同样可以用彼此共同理解的文字来书写;《战国策》记录各国国政事,也只能采用同一样文字形式。沿用到现在,我们照样可以理解它。不言而喻,汉字对形成、丰富和传播汉民族共同文化是有过重大贡献的。通过汉字,我们可以看见3000多年前的社会状况,看见2000多年前的百家争鸣;通过汉字,我们可以读到周朝各国的民歌,屈原的骚赋,司马迁的史书;通过汉字,我们可以阅读和欣赏唐诗、宋词、元曲以及明清笔记、小说。汉字还为历代的农民保存下来实用天文学,为历代的名医保存下来各种医学专著等等。不仅如此,汉字对于国内各少数民族和国外其他民族文化的发展也有很大贡献,成为民族文化交流不可缺少的工具。因此,我们必须认真学好汉字,用好汉字。这除了对上述汉字的一般常识的了解之外,就应当重视辨字、正字和习字(书法)。下面分别谈谈这些问题。

(一)辨字

汉字历史很久,使用的人很多,字形和读音产生差异性,那是很自然的。面对这一实际,我们就要辨认古今字、异体字、繁简字和通假字等等。

1. 辨认古今字

上古汉字数量比后代少得多,根据章太炎所说,汉字最初只有 510 个(见《文始叙例》)。东汉许慎的《说文解字》只收了 9353 个字,其中有许多是僻字,常用字实际上只有三四千个。拿《四书》(《大学》、《中庸》、《论语》、《孟子》)来说,总共只用了 4466 个字。上古字少的原因主要是"兼职"多。后来另造新字来"分职",就有了古今字之别了。比如:

亡不越竟。(《左传·宣公二年》)

赴于晋大夫。(《左传·襄公十九年》)

"竟"本来是"终竟"的"竟",《说文》说是"乐曲尽为竟,从音从人"。这里用作"国境"的"境",一身二任。后来为了使两者区别开来,就以古字作为声符,另加形符"土",写作"境",这就成了"竟"和"境"的先后不同写法的字。"赴"既代表"讣告"的意思,又代表"奔走"的意思,《说文》说是"趋也,从走仆省声"。后来为了使两者区别开来,改换"赴"的形符"走"为"言",这就成了"赴"和"讣"的不同写法。宋代徐铉认为今字都是俗字,说"赴"字"今俗作讣,非是",这显然是无视古今字的关系,不承认文字发展的事实。

古今字是从时间上相对的关系来说的,先出现的是古字,后出现的是今字,有些字先后时间相隔不一定很长,不能机械地理解"古"一定很早,"今"一定很晚。同时不要误会,以为出现后起字,原来的古字就被废弃了。

古今字在古书中比较多,下面再举些例字,以助辨认(古字在前,今字在后):

要——腰　　禽——擒　　反——返
为——伪　　耆——嗜　　匈——胸
说——悦　　孰——熟　　然——燃
知——智　　奉——捧　　县——悬
大——太　　厌——餍　　弟——悌
閒——间　　冯——凭　　贾——价
属——嘱　　共——供　　昏——婚
田——畋　　戚——慼　　错——措
齐——剂　　府——腑　　支——肢
写——泻　　丁——疔　　差——瘥
固——痼　　希——稀　　责——债

舍——捨　　包——胞　　豈——愷、凱

益——溢、鎰　莫——暮、瘼、幕

辟——避、闢、嬖、僻、譬

古字上古用得较多，而中古、近古则用得很少，除非有意仿古。有些人专写"本字"（古字），不写后起字（今字），硬把"肺腑"写成"肺府"，这是不应该的。我们更不能因为了解掌握古字，就不用后起字。

2. 辨认异体字

异体字是指音同义同形体不同的字（一字多形），比如"袴、裤"、"衖、弄"、"乃、廼"等等就是。异体字不同于古今字：古今字只有一部分意义相同，而且只有在表示这部分意义上，古字才可以被今字代替；异体字的意义却完全相同，在任何情况下都可以互相代替。如果不是任何情况下都可以互相代替的，当然不能算异体字，比如"匹"和"疋"有时可以互相代替，有时不能互相代替，因为"疋"读yǎ，同"雅"，是"正"的意思。异体字的出现，与生产的发展以及人对客观事物的认识有关。比如"杯"开始是用木头做的，所以作"杯"，后来"杯"也可以用其他材料制成，人们便从做器皿这种作用而造字，出现了"盃"字。不过"杯"字通行已久，今天的"杯子"虽然一般不是用木头做的，还是沿用"杯"字。但造成异体的根本原因是汉字属表意制文字，构形复杂，与语音不能密切结合。异体字一多，给使用汉字带来很多麻烦。从前文字学家根据《说文》把异体字分为正体、变体、俗体等。凡是《说文》所载的,被认为变体或俗体。这种分法往往不够合理。罗振鋆编、罗振玉校的《增订碑别字》曾经收集有汉朝以来碑版上所见而字书上不载的各种异体字,仅"归"字就收有 24 个异体,我们了解异体,自应从实际情况出发,不宜多纠缠于《说文》是否有载问题上。

异体字构成的方式大致有如下一些:

① 用不同的造字法:

  嶽(形声)——岳(会意) 淚(形声)——泪(会意)

  埜(会意)——野(形声) 囦(象形)——冎(形声)

② 改变意义相近的意符:

  諱——哗 覩——睹 穅——糠

  饎——糕 悞——误 鴈——雁

  勅——敕 醣——糖

③ 改变声音相近的声符:

  楳——梅 線——线 懼——怕

  筍——笋 袴——裤

④ 改换各偏旁的位置:

  峩——峨 飈——飙 峯——峰

  够——夠 槀——稿 棊——棋

  闊——阔 咊——和 鵞——鹅

必须注意:有的字改换各偏旁位置,就不是异体字,而是不同的字了,如"呆"和"杏"、"架"和"枷"等等。

此外，还有改变偏旁写法的。如"花"又写作"苍"。

至于有些异体字最初是完全同义的，但是后来有了分工，这就从原来的异体字演变为非异体字了。比如"喻"和"谕"原是异体字，后来"诏谕"的"谕"不能写作"喻"，而"比喻"的"喻"也不能写作"谕"。

中华人民共和国成立后，文字改革委员会对异体字进行整理。公布了第一批异体字整理表。但是，在古籍中照样存在异体字，我们要阅读古代作品，就得注意辨认异体字。

3. 辨认繁简字

我国文字，早在殷商时代就已经有简体字，而后一直向这一方向发展。殷商甲骨文里的简体字，有的是无规则的简化，随意省去一个字的任何一部分；有的是有规则的简化，即省去某特定部分。周代的钟鼎文里的简体字，也有无规则简化和有规则简化两种情况。秦代的小篆里的简体字也还有这两种情况。汉代隶书里的简体字基本上趋于有规则的。南北朝的简体字大部分是把偏旁简省一两画，也有采用行书或改换偏旁，如"亂"字已经简化为"乱"字。隋唐沿用南北朝简省方法而又有所发展。宋元明清以来的简体字，较多采用行书、草书写法，同时采用改换笔划简单的偏旁以及其他各种方法。汉字简化，主要是构形上简化，在篆书、隶书、楷书等方面都有所体现，今天则只在楷书范围内进行简化。我们除了使用历代传下来的简化字之外。还有计划有目的地进行简化，创造各种简化方法，如同音替代、利用古字、另造新字、草书楷化、改换偏旁、合并偏旁、简省笔画或以部分代整体等等。至于代表两个音节的两个字凑合成一个字,当然不去提倡,如唐代人写的经卷里"菩萨"写成"井","菩提"写成"薗";现在有些人把"干部"写成"邗","问题"写成"问"等等。

我们学习古代汉语,必须了解简体字,也必须了解繁体字,因为一般古书里都用繁体字。

繁体字和简体字之间的关系有好几种:

(1) 大多数的简体字和繁体字是一对一的关系,少数是一对二或一对二以上的关系。比如:

垒——壘　　　庄——莊　　　达——達
办——辦　　　罢——罷　　　爱——愛
递——遞　　　矾——礬　　　茧——繭
窃——竊　　　隶——隸　　　粪——糞
尽——盡、儘　坛——壇、罎　台——臺、檯、颱

(2) 从古籍中可以看出,有些简体字是本字,有些简体字是异体字或通用字。比如:

舍——捨(古今字)　粮——糧(异体字)　夸——誇(通用字)今天简化,只是选择笔画较少的,放弃笔划较繁的。

(3) 古书中有分别的两个或两个以上的字,简化后混为一个。比如:

丑——醜　　　适——適　　　余——餘
征——徵

如果用现在这些简化字所代表的那个词义去解释古书,就会发生误解。"丑"是干支名称,是"子丑寅卯"的"丑",不是美丑的"醜";"余"表示第一人称,"餘"表示剩餘的意思,决不能混同。

对于繁体字和简体字的关系有所了解,能够辨认它们,从而有效地掌握它们,也有助于理解古代作品。

此外顺便得提出的是,古书中有的字是缺笔字,如"朗"作"朖","敬"作"敬","丘"作"丘","玄"作"玄"等等,那是封建统治阶级为了维护自己的尊严而避讳的写法,同一般简体字是两回事,当另作看待。

4. 辨认通假字

"通假"也叫通借,是指用音同或音近的字来代替本字。严格说,与"本无其字"的假借不同,但习惯上也通称假借。钱玄同在《汉字革命》里说"周秦诸子、史记、汉书、汉碑等等,触目都是假借字",这个估计固然不免有些过分,但多少也谈到了古汉字的局部历史事实。

我们知道,古人在写作的时候,如果一时忘记了某个字的写法,往往就找一个音同或音近的字来代替,比如忘记了"刑"的写法,就借用"形"代替;忘记了"终"的写法,就借用"众"代替。这正如汉代经学家郑玄所说:"其始书之也,仓卒亡其字,或以音类比方假借为之,趣于近之而已。"(陆德明《经典释文·叙录》引郑氏语)或者是文字跟不上语言的发展,新词产生了,不一定立刻就有新造的字来作为它的书写符号,因此就用了一个现成的音同或音近的字。这以虚字的应用最为明显。如"而"字,《说文》解释为"颊毛也",可是它被借用作连词了。又如"逝将去女"(《诗经·魏风·硕鼠》)的"女"是借用"妇女"的"女"来作为第二人称代词的。古人也有在书写时为了简便或者由于某种原因而写了别字,如"没死以闻"(《战国策·赵策》)的"没"假借作"冒","颜渊蚤死"(《论衡·问孔》)的"蚤"假借作"早"等等,这种一时笔误而写别字的情况同一般借用情况虽有分别,然其后果一样,都造成文字使用上的混乱,在一定程度上影响了人们对作品的思想内容的确切理解。不过,由于这种情况已随着古籍的保留而一代代相传下来了,历来注释家又给以多方考证和解说,后来总算因循旧说去理解并掌握了它。

通假字和古今字、繁简字往往不能截然分开。比如,"耆"本义是老,可以借用为"嗜好"的"嗜";这从使用的方法看,"耆"是"嗜"的通假字;而在同一的词义上,从字产生的先后看,"耆"又是古字,"嗜"则是今字;从字的笔画多少看,"耆"是简体字,"嗜"则是繁体字。

古音通假方式包括同音通假、双声通假和叠韵通假。所谓双声,指的是两个字的声母相同;所谓叠韵,指的是两个字的韵母相同。从现代汉语看,"意气风发"四个字中,"风发"就是双声字的词,因为"风"(fēng)和"发"(fā)的声母都是f;"意气"就是叠韵的词,因为"意"(yì)和"气"(qì)的韵母都是i。古代同音通假的如借"公"为"功",借"骏"为"峻";双声通假的如借"祝"为

"织",借"果"为"敢";叠韵通假的如借"崇"为"终",借"革"为"勒"。这种音同音近的通借原则,现代简化汉字时也采用,如借"云"为"雲",借"吁"为"籲"便是。此外还有声母相近的字可通假,前人叫做旁纽通假,如"荐"古音在根切,从纽痕韵;"荐",古音作安切,精纽寒韵,二者为旁纽双声,可以通假。

通假字在古书中为数不少,下面是出现在古书上的一些通假字:

壶——瓠　　信——伸　　孰——熟
填——镇　　荒——盲　　傅——敷
胎——苔　　输——腧　　利——痢
高——膏　　薄——搏　　能——耐
否——痞　　葵——揆　　芸——耘(耘)
述——仇　　羲——俄　　適——啻
而——能　　农——努　　于——爰(援)
役——颖　　衣——殷　　顷——赹
庶——度　　毒——笃　　翼——革

倍畔——背叛　　仟佰——阡陌

关于通假字的读音问题,一般地说,借作某个字,就读某个字的音。比如"此胜负相薄"的"薄"借作"搏"就读 bó,而不读 báo;"能冬不能夏"的"能"借作"耐",就读 nài,而不读 néng。

古书用字既常有通假,后人读之,必须找到通假的本字,照本字去理解,才怡然理顺;否则必隔阂难通,甚至弄错意思。汉唐学者替古书作注因忽视这一点而造成理解上错误的例子曾屡见不鲜："不靖其能，其谁从之"（《左传·昭公元年》）的"靖"借用为"旌"，即表彰的意思，而解者就误为安靖（安静）的"靖"；"昔赵衰以壶飧从，径馁而弗食"（《左传·僖公二十五年》）的"径"借用为"经"，"经馁而弗食"言历时甚久，饿而不敢食，而解者就误为行径的"径"。清代王引之和他的父亲王念孙摆脱了字形的束缚，从语言声音上去探求字义（相当于今天的词义），发现"音近义通"的重要原则，解决了古书中许多疑难问题，纠正了前人注释方面的不少错误，确实大有利于后人了解古书的字义。这在王引之《经义述闻》卷三十二的《经义假借》中有很多实例可参证。

对一般的人来说，谈到古音通假，往往容易产生错觉，以为音同音近的都算通假。其实，今天看来，是否通假本当决定于古人当初的文字使用情况；如果撇开这点不提，那就无所谓通假了。又，说音近义通，并不能绝对地理解为音同音近其义必通或意义相近其音必近同，"贯"与"官"、"冠"与"观"音相近而意义则相差甚远，"贯"与"通"义近而音义相差甚远。再者，运用古音通假原则寻求古义也不是要截然无视字形，兼就字形由简考繁去探索古义当也有必要，因为古人每每乐于采用笔画简省的代替笔画繁复的，如借"光"为"廣"，借"方"为"旁"，借"文"为"紊"，借"依"为"隐"，借"亡"为"忘"，都是前者的笔划省于后者。同时，认识通假能结合上下文去更多捉摸，自然更好，因为每一个字的意义在一定的上下文中总是更加确定了的。

关于通假若干基本问题已如上述。之外,还有两种值得注意的情况这儿一并提示一下。一是古音通假与字义引申不能混同:薺(齐)字,许慎《说文解字》说"禾麦吐穗上平也",这是本义,《毛诗·小雅·小宛》"人之齐圣"的"齐"作"正"解,《左传·襄公二十二年》"以受齐盟"的"齐"作"同"解,这都是由"齐平"引申出来的引申义;而《左传·庄公六年》"后君噬齐"的"齐"作"腹脐"解,却是同音通假(即借"齐"为"脐")了。引申义是从本义滋生出来的,与本义有一定的联系,通假则谈不上意义的关联。"齐正""齐同"与"齐平"的关系相当密切,"腹脐"与"齐平"就风马牛不相及。另一种情况是理解古音通假不能陷于穿凿附会,凭主观臆断。王力《训诂学上的一些问题》(《中国语文》1962年1月号)所提出的有些人没有严格遵守古音通假的原则而产生流弊的实况正可引起我们重视。

掌握好古音通假离不开对古音常识的了解,因为你要了解双声通假、叠韵通假,就得先懂得什么是双声和什么是叠韵。再说,古今语音有演变,"微"和"妙"在先秦是双声,在今天不是双声;"威"和"望"在今天是双声,在先秦却不是双声;"树"和"木"在今天是叠韵,在古代却不是叠韵。面对这些问题,你最好去了解一下古代的声母系统和韵母系统。

掌握好古音通假也离不开对前人的有关资料的充分合理利用。前人在这方面的研究成果很大,资料很丰富,其中清人阮元主编的《经籍纂诂》对了解古代语言文字常识来说,用处尤大。它把古代传注家对字义的解释综合在一起,我们翻检某字,众义历历在目。

充分利用前人研究资料中的合理部分,对了解古音通假无疑将会有很大补益;然而这并不等于说这样做就可以把古书完全读通了。王国维说得好:"《诗》《书》为人人诵习之书,然于六艺中最难读。以弟之愚闇,于《书》所不能解者殆十之五,于《诗》亦十之一二。此非独弟所不能解也,汉魏以来诸大师未尝不强为之说。然其说终不可通。以是知先儒亦不能解也。其难解之故有三:讹阙(按:讹,传误;阙,残损)一也;古语与今语不同二也;古人颇用成语,其成语之意义与其中单语分别之意义又不同,三也。"(见《与友人论诗书中成语书》)诚如是,要真正读通古书,殊有待于对其他更多的语言事实作更具体的了解;了解古音通假只不过是了解"古语与今语"中的一个有关部分而已。比方说,"离骚"一词有人理解为"遭遇着忧患",有人理解为"离别的忧愁",也有人认为本是楚国原有的一种歌曲的名字,而文怀沙先生认为较合适的解释应该是"被离间的忧思"。对此就决不是懂得通假(借"离"为"罹")即可的。

(二) 正字和习字

正字是指结构和笔画正确(或拼法正确)、符合标准的字,区别于异体字、错字、别字等。正字法有人说是文字学的实用部门,正好像正音学是语音学的实用部门一样。在用拼音文字的国家里,正字法的内容是一组拼音条例,保证不错拼错写,包括订正拼法、规定大写字母用法、移行规则等。标点符号使用法也属于正字法。汉字的正字法内容就复杂多了,包括规定记录某一个语言单位用某一个字,反对"别字";规定某一个字怎么写,反对"错字";规定某一个字的各种体态;规定某一个字应该用什么笔顺写。其中反对"别字"、"错字"是正字法的主要内容。今天规定简体字、淘汰异体字,也已经是正字法的重要内容了。

正字工作的方式历来有种种不同,其中最大刀阔斧的一种要算秦代的"书同文"了。秦代以前,各国"文字异形",秦代以原来秦国文字为基础,取用六国文字中与秦文相同的,并参照古籀,认真制订出笔画简省划一的一种小篆字体,又用小篆字体书写了作为识字课本的《仓颉篇》及用以制造政治舆论的《琅邪台刻石》、《泰山刻石》等以促进字体的规范,删除秦初已经废弃不用的记录周代名物制度的一些字以利文字沿着纯洁健康的轨道发展;同时提倡已经在民间流行使用的隶书更便于日常书写和运用。汉朝初年,对于正字工作也看得很重要,甚至著之于法律。《汉书·艺文志》说:"汉兴,萧何草律,亦著其法。……吏民上书,字或不正,辄举劾。"可见当时关于正字法的法律也很严。到了后汉初年,情形也还是这样。后来还立石经,用经典的文字来作用字的典范,用石上所刻的文字来作字体的规范。以上"书同文、著之于法律"的方式是第一种正字工作方式,是依靠官府的力量以见效的；书写识字课本、刻石、立石经是第二种正字工作方式，是用刻写的示范以见效的。正字工作的第三种方式就是用个人的著述来评论文字的正俗。首先用这种方式著书的就是东汉的许慎。他撰写《说文解字》的重要目的之一就是纠正当时一般读书人解释字形的错误。许慎《说文解字·叙》虽然感叹"古文由此绝"（但黄侃《〈说文〉略说》认为"李斯用小篆，而未尝废古文"），可是他在《说文解字》里所收的字体还是以小篆为主（其实许慎所了解的"古文"本来就有限，清代的龚自珍就有"尝恨许叔重见古文少"的话）。他不同于当时的扬雄在《剧秦美新》中咒骂秦代统一使用小篆是什么"划灭古文"。应该说，单是在正字方面看，许慎在历史上也是有一份功劳的。

以往的学者往往以"正字"来反对简体字，诋简体字为"俗"字。汉字不断发展演变，今天绝对不能墨守《说文解字》成规，不能"必修旧文"，以古匡今，以旧正新。唐代颜师古的《匡谬正俗》用"正体"来正所谓"俗体"；清代龙启瑞的《字学举隅》用当时供考科举的人练习的字体为唯一标准来订正误，都是阻挠人民群众的创新。据说有人应试时把"圖"写成"圖"，仅把当中的"口"变为"厶"，省写了一笔，结果就没能考取，理由是"口"如果可以写成"厶"，以此类推，"兄"与"允"、"和"与"私"、"吕"与"台"、"句"与"勾"就无法区分了。尽管如此，但还是遏制不住"俗字"的流行。不但广大民众喜用"俗字"，就连一般读书人，甚至有些学者也有意识地提倡"俗字"。比如明末清初的黄宗羲（梨州）就是这样,有人说他"喜用俗字抄书",因而"省工夫一半"。清代还有一些学者像江永、孔广森也都喜用"俗字"。

但是我们必须明确,为了正确记录语言,辅助语言更好发挥交际职能,按照一定的原则和标准"正字",不把字写错了或写别了,这还是不容忽视的。汉代以前就有人把"鲁"写成"鱼"、把"亥"写成"豕"。《史记·石奋传》就记载了"误书'马'字……"的事情。《汉书》上就把"东厢"写成"东箱"。往后这种情况更多了。以往有人把"买伞"写成"买命",有人把字写得不像字,别人认不得。类似的还有"大娘"写成"大狼"、"上调"写成"上吊"的情况相当不少。凡此种种,也正说明正字的重要性与必要性。

要正确使用汉字,当然必须写群众所公认的已通行的字。古代一些封建士大夫拼命起用已经废弃不用的冷僻古字,搜寻"奇字",用隶书写蝌蚪文(所谓"隶古定"),用楷书写篆体,搞得不伦不类,实在不像话。据说有个叫做江艮庭的连开药方也全用小篆写,以此"炫博骇俗",更是倒行逆施。这一切,首先要予以纠正。与此同时,对一般写错写别的字也得加以纠正。就当前情况看,就是要做到按规范汉字来写。这包括不写繁体字、异体字和旧字形的字,不写尚未公布的"手头字",不写错别字。

字不仅要写得正确,而且要写得好。书写汉字的基本要求是:清楚、匀称、美观。汉字在运笔、间架方面有一定的要求,要写好字应注意笔顺和笔画,注意摆好间架。

最后还想顺便指出，沈尹默的《书法论丛》是颇值得一读的。他吸收古人书法理论的长处，结合自己书法实践的体会，精辟地论述了笔法、笔势、笔意，对我们习字很有启发。沈尹默十几岁在私塾读书时就开始潜心钻研书法，此后坚持不辍，遍临历代碑帖，精研历代书论。他的成就，是和他的长期书法实践分不开的，也是和他的持之以恒、一丝不苟的谨严治学态度分不开的。

第二章 语音

古汉语中特别是"声韵"这个部门,从前的人研究它主要是为了读古书;今天我们研究它除为了读古书、接受文化遗产外,还为了了解汉语史、寻找汉语语音内部发展规律,从而指导目前推广普通话、汉语规范化以及方言调查等工作。

但是,由于汉字不是拼音文字,过去在研究方法上也存在着某些缺点,因此旧时讲音韵学(声韵学)的书往往谈得很玄妙,初学的人不易看懂,甚至称之为"天书"。现在为了便于接受音韵学这份文化遗产并使它为现代社会服务,本书用较浅近的语言,通俗简要地介绍一些音韵学的基础知识。

一、汉语注音方法——从古代的反切到现代的拼音

（一）古代的反切

古代最早（公元 200 年前）的注音方法，一种叫"譬况"，比如《公羊传·宣公八年》何休注："言'乃'者内而深，言'而'者外而浅。"这里所说的"内、外"，据推测，似乎是指舌的前后位置变化；但是由于譬况的最大缺点是很难比得像，再加上古今语音变迁，当时的譬况，现代的人就很难捉摸了。

另一种注音方法是"读若"，也就是用一个汉字来注另一个汉字的音。汉代许慎的《说文解字》就是用这种方法来注音的，比如"鄹"，读若"许"；"珣"，读若"宣"等。由于汉字关系，用"读若"法也往往得不到正确字音。后来又用了一种跟这相类似的"直音"法，比如《尔雅》郭璞注："诞音但"。"直音"法也有很多缺点：第一是完全同音的字不一定有，人们只好用一个声音相近的字来注，结果注出来的音就不够准确。比如《辞源》："仍"音"成"；实际上，"仍"和"成"不论古音今音都不是同音字。第二是如果同音字很少，找到的同音字比原来的更难认，用它来注音结果等于不注音。这样，直音法就失去了应有的作用。

往后，有些人通过翻译佛经，懂得了梵文的拼音原理，就逐渐利用两个汉字来拼注另一个字音。但是最初的反切是出于自然的，即连读二字而成一音，比如"之乎"为"诸"，"奈何"为"那"。

大约在公元二世纪以后,它才被有意识地普遍地用来注音。

反切的方法,是把每个字的音(一个字是一个音节)分析成三部分:(一)起头的音(声母),(二)其余的音(韵母),(三)全音节的音高(声调)。然后用两个字按一定方式来表示另外一个字的音。比如:

德 d/ē(上一个字的声母和被反切的字声母相同)
红 h/ōng(下一个字的韵母和被反切的字韵母相同)
d+ōng=东 dōng

这种方法简单地说,也就是"上字取声,下字取韵(兼取声调)。"再举些例子:

苏 s/ū
甘 g/ān
三 sān

郎 l/áng
古 g/ǔ
鲁 lǔ

徒 t/ú
得 d/è
特 tè

张 zh/āng
六 l/ù
柱 zhù

反切比起"譬况""读若""直音"有了很大进步。有了反切,每个字的读音一般就能用简单明了的方法来表示出来。我们懂得反切,翻开字书检字就方便得多。

不过反切用的字本身不是标音文字,而且又要用两个表意的方块汉字来注另一个汉字的音,它比起我们现在的拼音字母,

还有很多缺点:

第一,遇到"乌""衣""迁"等只有一个音素的字,用反切就有困难。

第二,反切用字的上一字有400余,下一字有1000余,合起来约1500余,要更好地掌握反切,得先熟记1500字,未免笨拙。

第三,反切用字不统一,随便找两个字就用,使人感到混乱(如"东"字,唐韵"得红切",广韵"德红切")。

第四,古人在古书或字典里所注的音,由于语音变迁,再加上汉字不标音的,后来的人往往难切好。

反切由于存在这些缺点,应用起来就有了局限性,因此往后注音方法又做了进一步的改革。

(二) 现代的拼音

就笔者所知,"拼音"这个词是1897年王炳耀的《拼音字谱》开始用起来的。用音素化的标音文字来拼音,比起反切是进步多了。拼音的方法,就是把单个的音素,按照一种语言里音节构成的规律拼合在一起,成为一个个的音节。比方把b和a两个音素拼在一起是ba(八),把zh、u、a三个音素拼在一起是zhua(抓),把h、u、a、n四个音素拼在一起是huan(欢)。

现代的"拼音"是经过300多年来,特别是80多年来热心于汉字改革工作的人士的努力,在直音、反切、"注音字母"(1913年读音统一会制定,1918年正式公布)以及各种拼音方案的基础上发展出来的。从古代的"反切"到现代的"拼音",这充分标志着汉语注音方法发展到了新的阶段。

二、汉语语音系统——从古代切韵音系的发展到现代北京音系的形成(上古音问题,本节仅略带到几句,具体的请另参考专著)

上面是讲古代的反切到现代的拼音的注音方法演进问题。下面从现在的主要韵书中来谈汉语语音的基本内容及其变迁大势,从而了解现代普通话语音开始形成的情况。

(一) 古代切韵音系的发展

有了反切才有为了帮助人们写作诗词韵文的时候借以检查那些字可以押韵而编制的字典。这种字典中的字是按韵母的次序排列的,也就是韵书。最早的韵书是三国时代魏(公元220—265年)李登的《声类》,其次是晋吕静的《韵集》(公元300年左右),现在它们都不存在了。往后最重要的韵书是隋陆法言(陆词)等八人的《切韵》(公元601年)。

《切韵》的"切"是反切上字,"韵"是反切下字,总的意思是利用反切的方法来切出许多韵。《切韵》流行全国,有许多增订本(原本已不存在),最晚的增订本是《广韵》(公元1007年),即《大宋重修广韵》的简称,陈彭年等编。《广韵》之后有《集韵》(公元

1039年),丁度等编。近几十年出现了唐人韵书的手写本,也都是《切韵》的增订本,其中一个叫王仁煦的增订本《刊谬补缺切韵》(公元706年),据罗常培先生说,它是完整的。

根据《刊谬补缺切韵》和《广韵》等,我们可以知道《切韵》所代表的当时语音的大概面目。《切韵》分五卷,平声字多,占一二两卷,上声、去声、入声各占一卷。《切韵》有193个韵,《刊谬补缺切韵》共195韵,《广韵》共206韵。

《广韵》的体裁是以四声为纲,韵目为经的,每一个韵的下面,许多同音字合成一条,即"小韵",用圆圈来表示。每个字先列字形,然后用小写字加注释。在每一条第一字的注释后面又注明反切和同音字数。可以说,这部书实际上包括字形、字义、字音三个部分,但因为它是一部韵书,所以主要价值还是在音的部分。《广韵》206个韵母如下:

平声上	上声	去声	入声
东独用	董独用	送独用	屋独用
冬锺同用		宋用同用	沃烛同用
锺	肿	用	烛
江独用	讲独用	绛独用	觉独用
支脂之同用	纸旨上同用	寘至志同用	
脂	旨	至	
之	止	志	
微独用	尾独用	未独用	

鱼独用	语独用	御独用	
虞模同用	麌姥同用	遇暮同用	
模	姥	暮	
齐独用	荠独用	霁祭同用	
		祭	
		泰独用	
佳皆同用	蟹骇同用	卦怪夬同用	
皆	骇	怪	
		夬	
灰咍同用	贿海同用	队代同用	
咍	海	代	
		废	
真谆臻同用	轸准同用	震稕同用	质术栉同用
谆	准	稕	术
臻			栉
文独用	吻独用	问独用	物独用
殷独用	隐独用	焮独用	迄独用
元魂痕同用	阮混很同用	愿慁恨同用	月没同用
魂	混	慁	没
痕	很	恨	
寒桓同用	旱缓同用	翰换同用	曷末同用
桓	缓	换	末

平声下	上声	去声	入声
删山同用	潸产同用	谏裥同用	黠鎋同用
山	产	裥	鎋
先仙同用	铣狝同用	霰线同用	屑薛同用
仙	狝	线	薛
萧宵同用	篠小同用	啸笑同用	
宵	小	笑	
肴独用	巧独用	效独用	
豪独用	皓独用	号独用	
歌戈同用	哿果同用	箇过同用	
戈	果	过	
麻独用	马独用	祃独用	
阳唐同用	养荡同用	漾宕同用	药铎同用
唐	荡	宕	铎
庚耕清同用	梗耿静同用	映净劲同用	陌麦昔同用
耕	耿	净	麦
清	静	劲	昔
青独用	迥独用	径独用	锡独用
蒸登同用	拯等同用	证嶝同用	职德同用
登	等	嶝	德
尤侯幽同用	有厚黝同用	宥候幼同用	
侯	厚	候	

幽	黝	幼	
侵独用	寝独用	沁独用	缉独用
覃谈同用	感敢同用	勘阚同用	合盍同用
谈	敢	阚	盍
盐添同用	琰忝同用	艳㮇同用	叶帖同用
添	忝	㮇	帖
咸衔同用	豏槛同用	陷鉴同用	洽狎同用
衔	槛	鉴	狎
严凡同用	俨范同用	酽梵同用	业乏同用
凡	范	梵	乏

《广韵》的36个声母(采王力《汉语史稿》说)如下:

喉音:影　余　晓　匣

牙音:见　溪　群　疑

舌音:端　透　定　泥　来

　　　知　彻　澄

齿音:精　清　从　心　邪

　　　庄　初　崇　山

　　　章　昌　船　书　禅　日

唇音:帮　滂　並　明

(注意:前辈著名学者中,陈澧考定《广韵》的声类有40个,白涤洲、黄粹伯考定为47个,曾运乾、陆志韦认为有51个。)

《广韵》的四声如下：

平声(元)　上声(阮)　去声(愿)　入声(月)

《切韵》实际上指《广韵》系韵书，严格地说，它并不全部反映当时(隋代)的首都(长安)的实际语音，它代表一种文学语言的语音系统。这种文学语言的语音系统是属于书面语言的。但是我们却又不能说它是主观规定的，它是参照了古音和方音而规定的，不是没有根据的。正因为如此，它在中国语言学上的地位也非常重要。它基本上是记录了一个内部一致的语音系统。我们要对当时的汉语音韵系统有比较全面的认识，主要是根据《切韵》系统的韵书。不仅如此，研究现代汉语，也可以拿它来说明各方言的语音变迁和方音之间的关系；研究《切韵》以前的音韵系统，也得从它往上推。清代的古音学家就是根据《切韵》系统上推古音的。

不过，这里必须指出，尽管《切韵》系统的韵书在语言学上的地位非常重要，我们却不应该像过去一样把它看作是一部"圣书"，什么问题都靠它来解决。我们了解古音不仅要参考《广韵》，而且要根据当时的口语材料(如书面语的用韵)去进行考察，这样才能够得出更可靠的结论来。

陆法言在《切韵》序中告诉我们：他们是"因论南北是非，古今通塞；欲更捃选精切，除削疏缓"，然后确定《切韵》音系的。可见这个音系并不代表一时一地的语音，而是综合了古今南北的语音。陆法言还说："支脂鱼虞，共为一韵；先仙尤侯，俱论是切。"可见支和脂、鱼和虞、先和仙、尤和侯在当时已经不分了。当时韵文用韵也反映出这种情况来,特别是支脂的通押,更为普遍。我们探讨古音定要从当时的实际语言材料出发,才能有所发现。

《切韵》以前的周秦古音的系统研究,是从宋人吴棫的《韵补》开始的。元代的戴侗、明代的陈第,对古音则有更进一步的了解。清代的顾炎武给古音学打下基础。顾炎武曾著《音学五书》,分古韵为10部。顾炎武的学生江永研究古韵学同等韵学结合起来。江永的《古韵标准》分古韵为13部。江永的学生戴震首创阴阳入对转之说,著《声类表》,分古韵为9类25部。戴震的学生段玉裁把文字学同音韵学结合起来研究,著《六书音韵表》,分古韵为17部。其后孔广森、江有诰对古音的研究都又有进一步的发展。

章太炎综合各家之说,分古韵为23部。章太炎的学生黄侃又创立古韵28部之说。

上古声母的研究,从清代钱大昕开始。他提出"古无轻唇音"、"舌音类隔之说不可信"之说,指明上古音"声母"同中古音的"声母"之间的差异。黄侃继定"古纽"为19个。

上古音的声调,顾炎武有"四声一贯说",认为上古音中没有声调的区别;段玉裁提出"古无去声"说;章太炎认为平上为一类,去入为一类;黄侃主张上古没有上声和去声,只有平声和入声。

20世纪初叶,欧洲学者高本汉运用比较语言学的理论方法和标音工具,研究汉语音韵学,出版了研究中古音系的《中国音韵学研究》。其后又吸收清人的古韵研究成果,积极探索上古音系统,出版了《中上古汉语音韵纲要》。"五四"以后,中国学者在高本汉的影响下,开拓了汉语音韵研究新阶段。上古音韵研究影响较大的著作,先后有董同龢的《上古音韵表稿》(1945),陆志韦的《古音说略》(1947),王力的《汉语史稿》上册(1959)和李方桂的《上古音研究》(1980)。王力把上古声母分为6类32个,古韵分为11类29部(此为《诗经》韵部,《楚辞》是30部)。

《广韵》以后,人们著述的韵书很多,其中值得提一提的是比《广韵》接近口语的简单化了的"平水韵"。"平水韵"是指宋理宗淳祐间江北平水刘渊增修的《壬子新刊礼部韵略》,它并《广韵》206韵为107韵,后来王文郁的《平水韵略》又并"拯"韵,成为106韵,为制作近体诗赋用韵的依据。这106韵如下:

东董送屋	冬肿宋沃	江讲绛觉	
支纸寘	微尾未	鱼语御	虞麌遇
齐荠霁	泰	佳蟹卦	灰贿队
真轸震质	文吻问物	元阮愿月	
寒旱翰曷	删潸谏黠	先铣霰屑	
萧筱啸	肴巧效	豪皓号	
歌哿箇	麻马祃		
阳养漾药	庚梗敬陌	青迥径锡	蒸职
尤有宥			
侵寝沁缉	覃感勘合	盐琰艳叶	咸豏陷洽

现代打电报用韵代日子就是用这部韵书的韵目。比如"艳"电,就是29日的电报,因为"艳"是"平水韵"去声第29韵韵目。中国现代史上"马日事变"的"马日"就是21日,它是用平水韵上声21"马"这韵目来代表的。

(二)现代北京音系的形成

由于北方地区是汉族的策源地,在历史上一向是我国政治、经济和文化的中心,金元以后历代的都城又一直定在北京,因此,以北京话为代表的北方话的势力逐渐扩大,它发展得特别快。尤其在语音方面,同南方方言的分歧越来越大。唐宋时代的韵书到了这个时候,脱离实际口语情况也特别严重。这样一来,《切韵》系统韵书无论如何改编,都不能表示当时的语音系统,它对当时韵文的创作已经失去了指导作用,人们觉得非有新韵书不可,于是后来产生了周德清的《中原音韵》。《中原音韵》是14世纪为北曲用韵所做的一部韵书,它最大特点是完全摆脱了传统的仿古韵书的束缚而根据实际语音的韵部编成的。这是汉语音韵史上一次重大的变革。十三四世纪的北曲用韵代表当时北方话的语音系统;《中原音韵》所代表的语音也就是当时的北方话语音,了解《中原音韵》对于我们探讨北京语音的形成和发展有着重大的意义。我们甚至可以说,研究北京语音系统的形成,《中原音韵》是最主要的参考书。人们认为现代北京语音早在十三四世纪时代就已经奠定了基础,这种看法主要也是以

《中原音韵》所描写的为依据的。

《中原音韵》共分 19 个韵部,如下:

一　东锺　　二　江阳　　三　支思　　四　齐微

五　鱼模　　六　皆来　　七　真文　　八　寒山

九　桓欢　　十　先天　　十一　萧豪　　十二　歌戈

十三　家麻　十四　车遮　十五　庚青　十六　尤侯

十七　侵寻　十八　监咸　十九　廉纤

以上是适合 14 世纪的北方话(北京话?)的实际语音系统的。到了 16 世纪,-m 尾变了-n 尾,于是侵寻并入真文,监咸并入寒山,廉纤并入先天,桓欢到后来也和寒山合流了。这样,19 个韵类减为 15 个韵类,也就基本上代表着现代普通话的韵类。

《中原音韵》共有 20 个声母,如下:

崩　烹　蒙　风　亡　东　通　脓　龙　工　空

烘　邕　锺　充　双　戎　宗　聪　嵩

20 个声母中现代北京语音所没有的,只有 1 个声母,即 v(万);现代北京语音有而《中原音韵》没有的,也只有 3 个声母,即 j、q、x。

《中原音韵》的四个声调(无入声,派入平、上、去声)如下:

平声阴

平声阳

上声

去声

这个语音系统跟《切韵》系统有很大的不同,现在只就其中重要的演变现象简单地归纳为以下三点加以提示：

第一，浊塞音声母丧失浊音的性质，演变为相对应的清声母。

第二，韵部合并，只有19个。

第三，平声分阴平、阳平，浊上声作去声，入声分别派入阴平、阳平、上声、去声。

前面说过，《中原音韵》基本上代表了十三四世纪北京话口语语音系统，它可以作为我们探讨普通话语音的形成和演变的重要资料，也可以作为我们了解现代北方话各个方言语音演变的历史依据。不仅如此，《中原音韵》对传统的韵书来说，做了一次大改革，因而给以后的韵书以很大的影响，逐渐造成了根据实际语言来审音的风气。还有《中原音韵》是为戏曲用韵而作的，在它以后的许多年代里，戏曲作家都是根据它来作曲的，因而它对于戏曲用韵所起的规范作用很大，在一定程度上促进了戏曲用韵的统一。

从《中原音韵》所记录的语音情况来看，汉语语音的发展规律是由繁至简的。语音由繁至简，是语音发展的一般趋势，不过它在现代汉语里显得很为突出。但是，汉语语音简单化并不意味着汉语的损失；它在别的方面产生了新的因素。特别是发展到现在，轻音的不断产生，使汉语语音增加了新的色彩，同时使新的语法因素从语音上表现出来。又复音词的大量产生，使汉语有可能不再依靠复杂的语音系统来辨别词义。这种简单化是有利于语音发展的。

了解语音的发展,人们往往对入声字的演变现象感到不便辨析,现将归入阴平、阳平、上声、去声的古入声字常用字举例如下以资参照:

一、归入阴平的古入声字

八 搭 答(答应) 塌 垃 扎 插 杀 匝 擦 撒
压 押 鸭 夹(夹子) 掐 瞎 挖 刮 刷 搁 胳
疙 割 鸽 磕 喝 蜇 剥(剥削) 拨 泼 摸
托 脱 郭 桌 拙 捉 卓 戳 说 作(作坊) 撮
缩 豁 壹 一 劈 滴 剔 踢 激 缉(通缉) 击
积 唧 七 柒 漆 息 熄 惜 蟋 蚈 晰 析
膝 屋 朴 督 秃 突 凸 出 叔 鞠 曲 屈
蓿 拍 摘 折 塞(瓶塞儿) 勒(勒紧) 黑 嘿
着(着凉) 崔 削 粥 噎 憋 鳖 撇 贴 捏 揭
接 疖 结(结果) 切(切削) 歇 蝎 楔 约 缺
薛 汁 只 织 吃 失 湿

二、归入阳平的古入声字

拔 跋 砝 乏 伐 筏 罚 达 答(答复) 闸
轧(轧钢) 扎(挣扎) 察 砸 杂 夹 颊 铗 荚
峡 匣 辖 侠 狭 挟 滑 猾 额 德 得 格
阁 革 隔 葛(草名) 壳 咳 合 盒 核(核心)
折 哲 撤 摺 谪 舌 则 泽 责 择 泊 箔

渤 博 搏 膊 薄(厚薄) 驳 伯 勃(蓬勃) 膜
佛 夺 国 啄 灼 镯 酌 着(着重) 浊 昨 凿
活 益(益处) 鼻 荸 笛 敌 的(的确) 及 级
极 吉 急 集 籍 辑 棘 圾 脊(脊梁) 疾 嫉
习 席 锡 袭 瀑 瀑布) 拂 佛(仿佛) 伏 袱
服 福 幅 蝠 辐 独 读 犊 牍 毒 竹 烛
逐 赎 秫 熟(成熟) 足 族 卒 俗 局 菊 鞠
桔 白 宅 翟 翟有) 贼 鹤 貉 着(点着了) 勺
芍 凿(凿通了) 嚼 轴 别 鳖 蝶 碟 谍 牒
喋 迭 咙 捷 洁 劫 杰 子 竭 结 节 截
协 胁 决 诀 倔 掘 绝 角 橛 孑 觉(觉悟)
学 穴

三、归入上声的古入声字

百 柏 北 笔 卜 尺 笃(笃实) 骨 谷 葛(姓)
戟 给(供给) 甲 胛 蹶 渴 抹(涂抹) 匹 撇
朴(剑朴) 乞 曲(曲调) 辱 撒(播撒) 蜀 属 索
塔 獭 铁 雪 血 宿(星宿) 乙 眨 窄 嘱 瞩

四、归入去声的古入声字

必 辟(复辟) 毕 碧 薄(薄荷) 侧 策 册 彻
斥 赤 畜(牲畜) 绌 绰 簇 度 鄂 厄 遏 复
覆 各 郝 赫 鹤 褐 壑 获 霍 鲫 稷 寂
克 客 酷 扩 括 阔 辣 蜡 烙 力 立 栗

历 列 猎 劣 鹿 录 洛 律 率 掠 略 麦
秘 蜜 觅 灭 蔑 末 莫 默 墨 陌 木 目
牧 纳 逆 聂 诺 疟 虐 僻 迫 魄 瀑 迄
恰 怯 窃 却 确 阕 鹊 雀 热 日 肉 入
若 弱 飒 萨 色 瑟 涩 设 摄 涉 式 室
适 饰 述 束 朔 硕 蟀 速 粟 肃 踏 榻
特 惕 拓 沃 握 勿 物 隙 泄 屑 蓄 旭
续 穴 血 叶 页 业 液 亦 奕 易 忆 役
译 玉 域 欲 育 郁 月 悦 阅 粤 岳 仄
秩 陟 炙 质 浙 祝 作 柞

这里还得提一下韵辙。关于韵的分类有粗有细，分出来的"韵部"数目也不同。元明清作旧体诗依据的韵书，曾是前边提到的南宋时期江北平水人刘渊的《壬子新刊礼部韵略》（即一般所说的《平水韵》，今已散失，清代官定的韵书《佩文诗韵》就是以它为蓝本的）。由于它是沿袭古代韵书制定出来的，所以它不仅保留了一些古代语音成分，如入声和闭口韵（韵尾收 m 的韵），而且它还把不同声调的韵母也都计算在内。后来大家都拿北京语音做标准，也不计四声，只看韵母的主要部分（韵腹和韵尾）相同不相同来分类，就只有 18 韵（在这之前，《中原音韵》为北曲而作，分 19 韵）。不过明清以来广大人民群众在创作的实践中，特别是在京剧和北方一些戏曲、曲艺唱词的创作中，又把 18 韵里韵腹相近的韵合并在一起，成了 13 类，即十三辙。"辙"是戏曲唱词的韵脚,是"韵"的一个通俗叫法。十三辙也就是13韵。有人从每辙取一个字来编成诗句,以便记诵:"月落花浮水面楼台倒影弄池塘",或者"月下一哨兵镇守在山冈多威武"。

十三辙流行的地区很广,各地方、各剧种所用十三辙的辙名不一致,这里选用比较通行的一种,并合理地进行编排(过去各辙的次序不固定),列表如下,以供参考。至于十三辙同韵常用词表,限于篇幅,不便照录,得另检他书。

十三辙合辙情况表

辙　　名	合辙的韵母	合辙部分	主要元音	收　音
1. 发花辙	a(啊) ia(呀) ua(挖)	a(啊)	a(啊)	
2. 梭波辙	e(鹅) o(喔) uo(窝)	e(鹅) o(喔)	e(鹅) o(喔)	
3. 乜斜辙	ê(诶) ie(iê)(耶) üe(üê)约	ê(诶)	ê(诶)	
4. 姑苏辙	u(乌)	u(乌)	u(乌)	
5. 衣期辙	i(衣) ü(迂) -i(日)(知资等的韵母) er(儿)	i(衣) ü(迂) -i(日) er(儿)	i(衣) ü(迂) -i(日) er(儿)	

续表

辙　　名	合辙的韵母	合辙部分	主要元音	收　　音
6. 怀来辙	ai(哀) uai(歪)	ai(哀)	a(啊)	i(衣)
7. 灰堆辙	ei(欸) ui(uei)(威)	ei(欸)	e(额)	
8. 遥迢辙	ao(熬) iao(腰)	ao(熬)	a(啊)	o(喔)
9. 由求辙	ou(欧) iu(iou)(优)	ou(欧)	o(喔)	u(乌)
10. 言前辙	an(安) ian(烟) uan(弯) üan(冤)	an(安)	a(啊)	n(嗯)
11. 人辰辙	en(恩) in(音) un(uen)(温) ün(晕)	(e)n(恩)	e(鹅) i(衣) u(乌) ü(迂)	n(嗯)
12. 江阳辙	ang(肮) iang(央) uang(汪)	ang(肮)	a(啊)	
13. 中东辙	eng(鞥) ing(英) weng(ueng)(翁) ong(翁) iong(雍)	(e)ng(鞥)	e(鹅) i(衣) e(鹅) o(喔) o(喔)	ng(吼)

三、过去对汉语语音的研究——从古代的等韵学到现代的语音学

以上讲的是《切韵》以来的汉语语音系统；下面要谈一谈怎样研究这一系统。

（一）古代的等韵学

等韵学是我国古代人用来分析汉语发音原理和方法的汉民族所特有的一门学问，近似现代的语音学。它主要是应分析字音、研究反切的需要而产生的。在等韵学建立以前，人们对于反切的拼音方法一般只是从双声、叠韵的角度去分析。而等韵学出现以后，就能够根据字母和韵目来剖析反切的原理，并且绘制各种图表来表明汉字字音的构造。因此等韵学就成为汉语声韵学中的一个重要部分。在这以前出现过各种"反切图"，我们认为这仅是等韵的萌芽，还没有成为系统的学问。

等韵学开始于唐代末年。当时因为大量地翻译佛经，人们懂得了梵文字母拼音的原理，于是有些学者就运用这些原理来分析汉字字音，解释反切的注音方法。

关于现存的宋元以来的等韵书籍，当以《韵镜》、《七音略》、《切韵指掌图》、《四声等子》、《经史正音切韵指南》五部书为最

古。这五部书可以分为三派:《韵镜》与《七音略》为一派,《四声等子》《经史正音切韵指南》为一派,《切韵指掌图》自为一派。明清以来的等韵学书籍这里不一一列出;等韵学家有潘耒、江永、金尼阁、方以智、樊腾凤、吴遐龄、邹汉勋、李元、李汝珍、胡垣、劳乃宣等。为节省篇幅,这里只谈等韵学的基本情况。先谈字母的创立。

著名的僧人守温创立30个字母,这30个字母沿用到了宋代,不知道是谁又增加了6个,就成了声韵学上传统的"三十六字母"。(注意:这三十六字母不等于《广韵》的三十六声母。又:这三十六字母的来历也有不同说法,有人曾认为守温生于唐末,死于宋初,三十字母是他在唐末时的初作,入宋后修正,增六个字母。)这三十六字母大约就代表了唐宋间的汉语语音的三十六个声母(这里的"字母"是指声母的代表字,不包括韵母;韵母的代表字叫"韵目")。

三十六字母如下:

见 溪 群 疑 端 透 定 泥 知 彻 澄 娘
帮 滂 并 明 非 敷 奉 微 精 清 从 心
邪 照 穿 床 审 禅 晓 匣 影 喻 来 日

从下面这个表中,我们可以了解三十六字母的清浊和发音部位旧名:

发音部位\清浊 旧名		清	浊		清	浊	
			全浊	次浊		全浊	次浊
唇音	重唇音	帮 滂	並	明			
	轻唇音	非 敷	奉	微			
舌音	舌头音	端 透	定	泥			
	舌上音	知 彻	澄	娘			
牙 音		见 溪	群	疑			
齿音	齿头音	精 清	从		心	邪	
	正齿音	照 穿	床		审	禅	
喉 音		影			晓	匣	喻
半 舌 音							来
半 齿 音				日			

创立三十六字母并分五音（喉音、牙音、舌音、齿音、唇音）、七音（五音之外,后来又立半舌音和半齿音）和清浊,这在汉语语音研究上来说,是一种很大的进步;虽然不怎么科学,但是它们在声韵学上却时常被使用着,对说明古音确有便利之处。

等韵学在宋代以后更发展了,出了许多等韵学家,编写了一系列等韵图,并形成了各种派别。

概括起来说,等韵图的作者做过这样的努力：

首先把206韵概括成为若干大类。这些大类,后人叫做"摄"（总摄许多韵的意思）。一般人用的是十六摄,如下：

（一）通摄：东冬钟

（二）江摄：江

（三）止摄：支脂之微

（四）遇摄：鱼虞模

（五）蟹摄：齐佳皆灰咍祭泰夬废

（六）臻摄：真谆臻文欣魂痕

（七）山摄：元寒桓删山先仙

（八）效摄：萧宵肴豪

（九）果摄：歌戈

（十）假摄：麻

（十一）宕摄：阳唐

（十二）梗摄：庚耕清青

（十三）曾摄：蒸登

（十四）流摄：尤侯幽

（十五）深摄：侵

（十六）咸摄：覃谈盐添咸衔严凡

206个韵归并成16个韵摄的原则是：韵尾相同、韵腹相近的并在一起。206韵归并为16个韵摄以后，韵图的作者们又把各摄的字分为两呼，即开口呼和合口呼。所谓开口呼，指不圆唇的韵母；所谓合口呼，指圆唇的韵母，即韵头带u或w的，或主要元音是u的。凡一摄而具备两呼的，就分为两图。凡一摄只有一呼的，就只有独图。十六摄的开合情况如下：

具备开合两呼的：止蟹臻山果假宕梗曾咸

只有开口呼的：江效流深

只有合口呼的：通遇

再后来，他们又把每呼分为"四等"，例如"看""慳""愆""牵"，这是山摄开口溪母去声的四等。但并不是每一个声母都具备四等。

韵图的作者根据什么把韵母分为四等呢？从现代语音学原理看，这主要是根据元音的发音部位来决定的。四等的区别在于声音的洪细（洪大、次大、细、更细）。

还有所谓"四呼"，这是比较后起的术语（大约起于明末清初），它和"四等"不能混为一谈。但是"四呼"和"四等"有对应关系，而且它比较适合于近代汉语的实际情况。"四呼"指的就是开口呼、齐齿呼、合口呼、撮口呼。在宋代的韵图中只有开口合口两呼（两呼各分四等）。"四呼"是把开口呼分为两类（开口和齐齿），合口呼分为两类（合口和撮口）。照传统的说法，开口一二等是开口呼，开口三四等是齐齿呼，合口一二等是合口呼，合口三四等是撮口呼。

按照现代汉语的说法，四呼的定义是这样的：

开口呼是主要元音为 ɑ、o、e、ə、ɿ、ʅ 而没有韵头的韵母；

齐齿呼是主要元音为 i 和韵头为 i 的韵母；

合口呼是主要元音为 u 和韵头为 u 的韵母；

撮口呼是主要元音为 ü 和韵头为 ü 的韵母。

上述这一些问题，有关现代汉语语音的书可以参考。

这个定义同时适用于明清两代，因为那时的语音系统（特别是北方语音系统）已经有这样的一个局面了。

关于等韵学的一些问题谈过了。在这里,我们必须明白:古代从没有等韵学到有等韵学,这是个很大的进步,然而比起现代的语音学,那究竟是有缺陷的。从前的人讲汉语声韵学所以弄得那样乌烟瘴气、玄虚笼统,就因为没有语音学的知识。因此,人家说有些声韵学家那一套东西简直是看不懂的天书!事实上也难怪,本来按声音的高低抑扬跟发音方法或部位的不同能够讲得清楚的东西,却弄得很"神秘",怎么不越讲越糊涂呢?现在我们要科学地表述古音的读法、古音演变的规律,依靠等韵学是很不够的,必须运用现代语音学知识才能更好说明。

(二)现代的语音学

什么是语音学,语音学所讨论的内容包括些什么,已有很多专著作专门的论述,这里不重复了。关于语音学的功用,应该明确一点:它不限于研究古代声韵学,它的功用是多方面的,研究古代声韵学只是它的功能之一。

研究语音系统的学问,从古代的等韵学到现代的语音学,已经有了很大的发展;但是目前语音学上的各种原理如何运用到实际语音中去,却还存在着若干问题,有待我们今后作进一步的努力。

四、有关读音问题

(一)异读

元明以来的语音不同于隋唐,隋唐语音又不同于周秦古音,这是就其大概情况说的；如果详加分析，可以发现介于周秦和隋唐间的汉魏六朝语音又有它的特点，而汉魏六朝之间也有所不同。现代语音属于《中原音韵》系统，然现代北京音和《中原音韵》也并不完全一致。语音有变迁，文字的读音自然不能今古一致。这是问题的一方面。另一方面，有些字除了现代读音之外，在古书里某些特定地方还有另外的不同读法，其间有的是古音的遗迹，有的是古音的蜕化，有的是由于文字结构的改变而改变，有的是为了表示不同的语法意义，有的是特殊的读法。因此，一个字往往有今和古的两种读法或三种四种读法，甚至有的字有八九种的读法（如"敦"字）。了解古汉语语音的一般问题，同时还得了解有些字的异读问题。

字的异读现象还可以分为两小类：

一类是声韵上的变异，如：

翟 { 其之翟也。（《诗经·鄘风·君子偕老》）读 dí。
     翟方进传。（《汉书》）"翟"为姓氏，读成 zhái。

参 { 大都不过参国之一。（《左传·隐公元年》）读 sān，同"三"。
     参差荇菜，左右流之。（《诗经·周南·关雎》）读 cēn。

差 { 失之毫厘，差之千里。（《大戴礼记·保傅》）读 chā。
     参差荇菜，左右流之。（《诗经·周南·关雎》）读 cī，同"池"。
     好差青鸟使。（白居易《山石榴花》）读 chāi。

以上仅是示例而已,实际上这种情况是相当多的。至于单是声的变异或者单是调的变异,这些情况就更为多见,也都是大家较熟悉的,这里不一一说明了。

另一类是声调的变异,比如:

王 { 孟子见梁惠王。(《孟子·梁惠王上》) wáng 动,名词。
王此大邦。(《诗经·大雅·皇矣》),wàng 动词。

与 { 道之将行也与,命也;道之将废也与,命也。
(《论语·宪问》),yū,语气词。
与朋友交而不信乎?(《论语·学而》),yù 介词。

变调情况也很多,以上也仅是示例而已。

下面综合声、韵、调的变异,再多举些实例:

大 { dà 大夫(士大夫)
dài 大夫(医生)

乜 { miē 乜斜
niè 乜(姓)

区 { ōu 区(姓)
qū 区别

亢 { gāng 脖子,通"吭"
kàng 高,旱

叶 { xié(=协)叶韵,押韵
yè(葉)枝叶;叶县,在河南省

叨 { dāo 唠叨
      tāo 叨教

勺 { sháo 勺子
      zhuó 通"酌"

么 { yāo(本作'幺')么二三；老么(排行最小的)；杨么
      me 什么；怎么；这么；那么(读轻声)

从 { zòng 放任；合从(＝纵)
      cóng(广用)

仆 { pú(僕)仆人；仆从
      pū 前仆后继

仇 { qiú 姓
      chóu(广用)

轧 { yà 轧棉花；倾轧
      zhá 轧钢

夯 { hāng(＝硪)打夯
      bèn(＝笨)夯货；夯汉

艾 { yì 自怨自艾
      ài 艾草

召 { shào 姓(＝邵)：召公；召南
      zhào 召见；南召县，在河南省；傣族姓
      zhāo 召集；召开(会议)

吁 { yù 呼吁(籲)
     xū 长吁短叹

朴 { piáo 姓
     pò 厚朴(中药)
     pǔ 朴素；纯朴
     pō 朴刀

怂 { zhōng 怔忪，惊惧
     sōng 惺忪

沩 { pāng 沩沩，水多貌
     fāng 赵沩，明人

囤 { dùn 粮食囤
     tún 囤积

伽 { qié 伽南香,沉香；伽(qié)蓝,寺庙
     jiā 伽倻(jiāyē)琴,朝鲜乐器

纶 { guān 纶巾
     lún 经纶；丝纶(广用)

折 { shé 折本儿；树枝折了
     zhē 折跟头
     zhé(广用)

否 { pǐ 臧否
     fǒu(广用)

龙 { méng 茏茸,乱的样子
     máng 尨,多毛犬

卒 { cù 仓卒(=猝)
     zú(广用)

於 { yú(=于)
     yū 姓
     wū 於呼、於戏、於乎(=呜呼)wūhū
     於菟 wūtú,虎的别称。("於"也作"乌")

泌 { bì 泌阳县,在河南省
     mì 分泌

祇 { qí 神祇
     zhī(同'祇')但;只

芾 { fú(=韍)赤芾;米芾(宋代书法家)
     fèi 蔽芾

苕 { sháo 红苕(方言),甘薯。
     tiáo 苕子(一种绿肥作物)

茄 { jiā 雪茄烟
     qié 茄子

陂 { pí 湖北省黄陂县
     bēi 陂塘;广东省英德县黄陂;河南省镇平县晁陂
     pō 陂陀,不平

拗 { ǎo 拗断 / ào 拗口 / niù 执拗

说 { shuì 游说 / yuè(=悦)不亦说乎；张说(唐代人) / shuō(广用)

炮 { bāo 炮羊肉 / páo 炮制(药材) / pào 大炮

适 { kuò 南宫适；洪适；赵汝适 / (適)shì 适合；适宜；高适；叶适

咳 { ké 咳嗽 / hāi 咳声叹气

咽 { yè 呜咽；哽(gěng)咽 / yàn(=嚥)下咽 / yān 咽喉

俩 { liǎ 两个：兄弟俩 / liǎng 伎俩

俟 { qí 万俟(mòqí),姓 / sì 等待(广用)

挝 { wō 老挝（国名）
     zhuā 挝鼓

贾 { gǔ 商贾
     jiǎ 姓（人名都读 jiǎ 如王孙贾、公明贾、陆贾、屠岸贾）

校 { jiào 校对；校场（旧时操练比武的地方）
     xiào 学校；中校

宿 { xiǔ 一宿（一夜）
     xiù 星宿
     sù（广用）宿舍；寄宿

粘 { nián 同"黏"；姓
     zhān 粘住

脯 { pú 胸脯
     fǔ 果脯

掸 { dǎn 鸡毛掸子；掸土
     shàn 掸族；掸邦（缅甸）

蛤 { gé 蛤蜊；蛤蚌
     há 蛤蟆（há·ma）

堡 { bǎo 堡垒；碉堡
     bǔ 地名用字，如吴堡、镇川堡、柴沟堡
     pù（=铺），如十里堡

鹄 { gǔ 箭靶子
     hú 天鹅

厦 { shà 高楼大厦
     xià 厦门

解 { xiè 姓；解虞，地名，在山西省
     jiè 押解；解元
     jiě（广用）解开；解放；了解

貉 { háo 貉绒
     hé 一丘之貉
     mò 同"貊"

隗 { wěi 高；姓
     kuí 姓

蜡 { là 蜡烛
     zhà 大蜡，古代的祭祀名
     chà 八蜡庙

膀 { páng 膀胱
     bǎng 膀子；翅膀；肩膀

蔚 { wèi 蔚蓝；蔚为大观
     yù 蔚县，在河北省

澄 { chéng 澄清
     dèng 澄沙；把水澄一澄

鲭 { zhēng 有鱼有肉的杂烩菜
     qíng 鲭鱼

豁 { huá 划拳,也作"豁拳"
     huò 豁然;豁免
     huō 豁口;豁开

(二)误读

由于没有掌握字的正确读音,随便凭字的偏旁类推,结果往往把有些字的音读错了。这种错误地读字音的情况今天是比较严重的,因此趁谈语音之便,也多举些例子:

歼灭——"歼"音 jiān,读如"尖",不读"千"音。

抨击——"抨"音 pēng,读如"烹",不读"平"音。

缄默——"缄"音 jiān,读如"尖",不读"针"音。

蜷曲——"蜷"音 quán,读如"全",不读"卷"音。

戕害——"戕"音 qiáng,读如"强",不读"床"音。

屹立——"屹"音 yì,读如"亦",不读"气"音。

忖度——"忖"音 cǔn,不读"村"音;"度"音 duó,不读"度"(dù)。

绦虫——"绦"音 tāo,读如"掏",不读"条"音。

拯救——"拯"音 zhěng,读如"整",不读"成"音。

答罚——"笞"音 chī,读如"痴",不读"台"音。

反映——"映"音 yìng,读如"硬",不读"央"音。

罪愆——"愆"音 qiān,读如"千",不读"衍"音。

芟除——"芟"音 shān,读如"山",不读"疫"音。

惆怅——"惆"音 chóu,读如"仇";"怅"音 chàng,读如"畅"。

玷污——"玷"音 diàn,读如"电",不读"占"音。

气馁——"馁"音 něi,读如"内"(上声),不读"绥"音。

绚烂——"绚"音 xuàn,读如"炫",不读"旬"音。

茜草——"茜"音 qiàn,读如"欠",不读"西"音。

罪无可逭——"逭"音 huàn,读如"换",不读"官"音。

路有饿殍——"殍"音 piǎo,读如"缥",不读"孚"音。

兄弟阋墙——"阋"音 xì,读如"细",不读"倪"音。

酗酒滋事——"酗"音 xù,读如"绪",不读"凶"音。

相形见绌——"绌"音 chù,读如"处",不读"拙"音。

暴殄天物——"殄"音 tiǎn,读如"忝",不读"珍"音。

呻吟床笫——"笫"音 zǐ,读如"子",不读"第"音。

瞠乎其后——"瞠"音 chēng,读如"撑",不读"堂"音。

风声鹤唳——"唳"音 lì,读如"立",不读"泪"音。

动辄得咎——"辄"音 zhé,读如"哲",不读"辙"音。

觥筹交错——"觥"音 gōng,读如"工",不读"恍"音。

虚与委蛇——"蛇"音 yí,读如"移",在此不读"舌"音;"委"音 wēi,读如"威",在此不读"伟"音。

苦心孤诣——"诣"音 yì,读如"义",不读"旨"音。

惩前毖后——"惩"音 chéng,读如"承",不读"征"音;"毖"音 bì,读如"必",不读"笔"音。

信手拈来——"拈"音 niān,读如"年"(阴平),不读"占"音。

削足适屦——"屦"音 jù,读如"聚",不读"履"音。

秋收丰稔——"稔"音 rěn,读如"忍",不读"念"音。

同仇敌忾——"忾"音 kài,读如"慨",不读"气"音。

精神抖擞——"擞"音 sǒu,读如"叟",不读"数"音。

否极泰来——"否"音 pǐ,在此读如"匹",不读"否定"的"否"(fǒu)。

零趸批发——"趸"音 dǔn,读如"盹",不读"虿"(chài)音。

贪婪成性——"婪"音 lán,读如"蓝",不读"焚"音。

五、附录

语音学知识是音韵学所必需的基础。下边附语音学的3个简表,即(一)汉语语音表,(二)元音对照表,(三)辅音对照表,便于读者了解普通话语音梗概,了解汉语拼音字母和国际音标的对照情况,也便于读者阅读他书时查考。至于语音学系统知识,不属本书所谈范围,就不赘述了。

（一）汉语语音表

发音方法 \ 发音部位			双唇	唇齿	舌尖前	舌尖中	舌尖后	舌叶	舌面前	舌面中	舌面后	喉
辅音	塞音	清	不送气	p			t				c	k	ʔ
		清	送气	p'			t'				c'	k'	
		浊		b			d					g	
	塞擦音	清	不送气		pf	ts		ʈʂ	tʃ	tɕ			
		清	送气		pf'	ts'		ʈʂ'	tʃ'	tɕ'			
		浊				dz		ɖʐ	dʒ	dʑ			
	鼻音	浊		m	ɱ		n	ɳ		ɲ		ŋ	
	闪音	浊						ɽ					
	边音	浊					l						
	擦音	清		ɸ	f	s		ʂ	ʃ	ɕ	ç	x	h
		浊		β	v	z		ʐ	ʒ	ʑ	j	ɣ	ɦ
	半元音	浊		w	ɥ	ʋ					j(ɥ)	(w)	

	类别		舌尖元音		舌面元音				
	舌位		前	后	前		央		后
元音	舌位	唇形 口腔	不圆 | 圆	不圆 | 圆	不圆 | 圆	不圆 | 自然 | 圆		不圆 | 圆	
	高	最高 闭	ɿ ʮ	ʅ ʯ	i y			ɯ u	
		次高			ɪ ʏ				ʊ
	中	高中 半闭		ɚ	e ø		ə	ɤ	
		正中					ə		
		低中 半开			ɛ œ		(ɐ)	ʌ	ɔ
	低	次低			æ	ɐ			
		最低 开			a	A			

(二) 元音对照表

拼音字母		国际音标	例字
a	1. 一般	[A]	拉 la[lA]
	2. 在 i 和 n 的中间	[ɛ]	连 lian[liɛn]
o	1. 在 u 的后面或单用	[o]	罗 luo[luo] 磨 mo[mo]
	2. 在 a 的后面和 ng 的前面	[u]	劳 lao[lau] 龙 long[luŋ]
e	1. 一般	[ɤ]	乐 le[lɤ]
	2. 在 i 的前面	[e]	雷 lei[lei]
	3. 在 i、ü 的后面	[ɛ]	列 lie[liɛ] 略 lüe[lyɛ]
	4. 在 n、ng 的前面	[ə]	根 gen[kən] 冷 leng[ləŋ]
er		[ɚ]	儿 er[ɚ]
i	1. 一般	[i]	离 li[li]
	2. 在 zh、ch、sh、r 后面	[ɿ]	诗 shi[ʂɿ]
	3. 在 z、c、s 后面	[ɿ]	思 si[sɿ]
u		[u]	卢 lu[lu]
ü		[y]	驴 lü[ly]

(三) 辅音对照表

拼音方案	国际音标	例字
b	[p]	巴 ba[pA]
p	[pʻ]	怕 pa[pʻA]
m	[m]	妈 ma[mA]
f	[f]	发 fa[fA]
d	[t]	达 da[tA]
t	[tʻ]	他 ta[tʻA]
n	[n]	拿 na[nA]
l	[l]	拉 la[lA]
z	[ts]	杂 za[tsA]
c	[tsʻ]	擦 ca[tsʻA]
s	[s]	撒 sa[sA]
zh	[tʂ]	闸 zha[tʂA]
ch	[tʂʻ]	叉 cha[tʂʻA]
sh	[ʂ]	沙 sha[ʂA]
r	[ʐ]	如 ru[ʐu]
j	[tɕ]	家 jia[tɕiA]
q	[tɕʻ]	恰 qia[tɕʻiA]
x	[ɕ]	虾 xia[ɕiA]
g	[k]	瓜 gua[kuA]

k	[kʻ]	夸 kua[kʻuA]
h	[x]	花 hua[xuA]
ng(在元音后面)	[ŋ]	昂 ang[aŋ]
y { 1. 一般	[j]	因 yin[jin]
{ 2. 在 u 的前面	[ɥ]	云 yun[ɥyn]
w	[w]	王 wang[waŋ]

第三章 词汇

一、汉语基本词汇

基本词汇是词汇中最主要最稳定的部分,以所有的根词为其核心。基本词汇中的词叫基本词,是构造新词的基础。基本词汇是丰富一般词汇的不竭源泉,而一般词汇则是充实基本词汇的无尽基地。

汉语的历史悠久,我们探索它的基本词汇可以追溯到几千年以前。在远古时期,基本词汇和一般词汇应该差别小。从甲骨文反映的情况看,这二者的界限就很不显著。当时名词作为基本词最为普遍。比如:天、日、月、山、火、水、川、泉、谷、雨、雪、电、风、土、年、岁、旬、朝、莫、晨、春、秋、东、西、南、北、中、上、下、左、右、口、手、目、鼻、耳、身、眉、发、牛、蝉、雉、羊、羔、凤、虎、豕、豸、象、马、鹿、兔、犬、龙、狼、熊、鱼、燕、虫、黾、草、麦、杏、果、林、桑、粟、禾、黍、米、祖、父、叟、叔、伯、儿、兄、夫、女、母、妻、妾、妹、侄、孙、男、友、宾、客、邑、乡、疆、田、帝、王、公、品、吏、臣、仆、后、奚、奴、娥、尹、卿、曹、官、囚、主、福、巫、宗、血、鬼、物、农、艺、戈、甲、师、旅、郭、京、家、宅、室、宫、门、户、囷、牢、舟、舆、斧、刀、矢、族、网、弓、玉、宝、鼓、豆、鼎、册、皿、盂、帚、席、壶、酉、尊、巾、帛、衣、糸、肉、膏、米、酒等等。这些名词里的基本词,有些表示自然现象的名称,有些表示时令方位的名称,有些表示肢体的名称,有些表示亲属称谓的名称,有些表示社会习俗的名称,有些表示战争武器的名称,有些表示城郭房舍园囿的名称,有些表示生产工具、交通工具、礼乐器具及日常用具的名称,有些表示动物植物的名称,有些表示日常食物的名称,有些表示奴隶的名称。

　　动词、形容词、数词等作为基本词的也相当多。比如:采、豢、获、焚、渔、狩、分、告、问、启、吠、归、登、逆、逢、避、逃、追、逐、往、得、御、卫、秉、反、扫、杀、效、改、用、相、知、鸣、受、死、曰、喜、去、食、合、入、乘、休、出、克、宿、从、兑、见、殷、立、衍、俗、洗、涉、斗、伐、战、小、正、敏、美、利、甘、宁、明、多、齐、安、白、老、长、大、一、二、三、四、五、六、七、八、九、十、百、千、万等等。这些基本词,有些表示生产劳动和一般动作行为的,有些表示事物性质状态的,有些表示从一到万的数目。

直到现在,很多基本词在沿用着,比如:天、地、年、月、手、心、东、西、问、用、老、长、一、十、百、千、万等等,也有很多基本词不独立使用,而充当了双音节词的词素,比如:耳(耳朵)、身(身体)、眉(眉毛)、鼻(鼻子)、发(头发)、祖(祖父)、奴(奴隶)等等;还有一部分基本词退出基本词行列,比如:"弓"这种武器地位变得不重要,"弓"这个基本词在一般情况下就不被使用;同时又有一部分一般词加入了基本词行列,比如:"党"在发展中逐渐具有基本词的特点,从而构成了"党员、党报、党纲、党纪、党籍、党课、党龄、党派、党旗、党委、党校、党性、党章、党证、共产党、党八股"等等,形成了"词族"("词群")。

基本词的出现有早有晚。表现自然现象的基本词出现最早,"盐、铁"这些基本词则出现得较晚,"铝、铅"这些基本词出现得更晚。

今天汉语词汇非常丰富,这和其他民族语言词汇一样,都是在基本词汇基础上,随着社会的发展而发展,随着人类认识能力的发展而发展。词汇的丰富发展具有一定的系统性。这种系统性表现在基本词汇与词汇之间的内在联系上。

汉语词汇在丰富发展过程中,又和其他民族语言一样,也受了其他民族语言词汇的一些影响,这当然也是我们所不容忽视的。

二、汉语的外来词

汉族和其他一些民族在文化上的交流历史悠久。现在我们还可以在许多民族的语言里看到汉族对其他一些民族在文化上的贡献的痕迹。同样的，我们也可以从汉语词汇里的外来词成分看到其他民族对汉族在文化交流上所起的作用。

汉语的外来词可以分为两种：一种是来自国内各族的；另一种是来自国外的。来自国内各族的，比如"车站"的"站"，就是从蒙古语借来的；《红楼梦》里出现的"包衣"（僮仆，俘虏充作奴仆使用的人），就是从满语借来的。从国内各族借来的词很早就进入汉语词汇里，已经和汉语水乳交融，有时很不容易考证出来。来自国外一些民族的，大致有四类情形。

（一）来自西域各族语言

自从汉族与中亚民族发生接触以来，由于文化上的交流和语言上的融合，曾经吸收了许多中亚语言的成分，出现了许多外来语。比如"葡萄"（《史记》又写成"蒲陶"，《汉书》写成"蒲萄"，《三国志》写成"蒲桃"），早在汉代就吸收到汉语中来了。又如"苜蓿"（也写作"牧蓿"、"目宿"或"木粟"）、"狮子"（亦作"师子"）、"安石榴"（后来省称"石榴"）等等，也都是汉代从西域吸收来的。至于具体来自西域哪种语言，见解还不一致。"葡萄"一词,杨志玖《葡萄语试探》(《中兴周刊》1947年第6期)认为来自大夏都城,高名凯则同意波兰汉学家赫迈莱夫斯基认为来自伊兰语即古代大宛语的说法(《以"葡萄"一词为例论古代汉语的借词问题》,《北京大学学报》1957年第1期)。"狮子"一词,有人说是来自波斯语,有人说是来自粟特语。

以上是借词。此外还有在汉语原有的名词上面加个"胡"字,如"胡麻"、"胡瓜"、"胡桃"、"胡琴"之类。这只能算是译词。有人不把译词看做外来词。

汉唐两代同西域往来密切,所以吸收外来词也较多,以上仅略举数例而已。其确实的来源,则有待进一步探讨。

(二) 来自印度古语(梵语)

从东汉到唐宋间,我国社会,除了佛教关系以外,其他不少方面也都受到印度的影响,佛教用语(包括借词和译词)不可避免地要输入到汉语词汇里来,影响远比西域的借词和译词大。

佛教的专门用语很多,比如:"拘摩罗(童子)、因陀罗(帝王)、摩沙(豆)、末罗(力士)、末笈曷利他(如意)、刹摩(土田)、波罗(斤)、弗若多罗(功德)、僧祇(大众)、萨埵(众生)、试罗(玉石)、臊陀(鹦鹉)、戍羯罗(金星)、窣罗(葡萄酒)、乌耆延那(苑)、优昙钵罗(昙花)、演若(祠)、耶婆(麦)、禅(静虑)、偈(颂)、船若(智慧)、菩提(正觉)、悉檀(成就)、阇梨(轨范)、摩尼(宝珠)、优婆塞(善男)、优婆夷(信女)、伽蓝(寺院)、迦楼那(悲哀)"等,通行于钻研佛教经典的一些人中间，没有成为全民的语言成分。但是另外有一些词的情况不同，它们已经进入全民的语言里了，比如："苹果、忏悔、刹那、檀香、茉莉花、佛、塔、僧、尼、和尚、菩萨、罗汉、阎罗、地狱、夜叉、钵、劫（劫数）、袈裟、琉璃"等，为多数人所共同理解，像《隋书·韩擒虎传》就有"生为上柱国，死作阎罗王"之类说法，直到现代，还说"旌旗十万斩阎罗"（陈毅同志《梅岭三章》）。

还有一些佛教用语，受了汉语的融化，令人不能再意识到它们的来源。比如"世"和"界"本是指时代和界限，它们原来都是基本词；佛家把这两个词用来代表时间和空间，它们也就成为专门用语了，像佛经里说"世为迁流，界为方位"，又有"三世"（过去、现在、未来）和"三界"（欲界、色界、无色界）的说法。时间和空间合起来，就有"世界"这个专门用语，略等于汉语原有的"宇宙"（《淮南子·原道训》"纮宇宙而章三光"，注为"四方上下曰宇，往古来今曰宙"）。后来"世界"的"界"的意义吞并了"世"的意义，于是成为现在习用的"世界"，并进入了汉语的基本词汇，又从而构成"世界观"（也叫宇宙观）、"世界语"等等。不仅如此，在方言里也有影响，如粤方言里有"好世界"（好生活）、"捞世界"（谋生）、"叹世界"（享福）、"倾世界"（谈生活），"世界"简直是"生活"的同义语了。类似"世界"的还有"现在、因果、庄严、法宝、圆满、魔（古人单用魔，现在说魔鬼）"等等，人们也都并不意识到它们是佛教用语了。还有"功德无量"（功德，弗若多罗；无量，阿弥陀）这整个成语就是佛教用语；平常说"念书"（唸书）的"念"就是从佛教用语"念佛"、"念经"来的，"缘分"、"因缘"、"姻缘"的"缘"也是从佛经来的，人们同样都不觉察到它们的来源了。

来自梵语的词语，散见于佛经的为数极多，这里仅举了一些收录在词典里的例子和一般习见的例子，以窥见一般。

（三）来自亚洲其他各语言

汉语词汇中也有来自东南亚各语言的词和来自阿拉伯语、日语、朝鲜语的词。《汉书》所载的司马相如《上林赋》中的"仁频并闾"，唐代颜师古注为"'仁频'即'宾桹'也，'频'或作'宾'"；宋代姚宽《西溪丛话》说"'槟榔'一名'仁频'"，"槟榔"和"仁频"无疑是同一个词的不同音译，即"槟榔"译自马来语，"仁频"译自爪哇语。还有"胡庐巴"（药名）来自阿拉伯语，美浓纸（日本古小国美浓国出产的棉纸）来自日本语，"金达莱"（花）（"杜鹃"花）来自朝鲜语。

（四）来自西洋语言

明代李时珍《本草纲目》谷部"阿芙蓉"下说"'阿芙蓉'一名'阿片'，俗作'鸦片'，是罂粟花之津液也"。这"鸦片"来自英语。清代魏源《海国图志》有许多外来词（当在成书以前传入中国），如"火轮舟"（轮船）、"火轮车"（火车）、"铁辙"（铁轨）、"辙路"（铁路)、"银馆"(银行)、"量天尺"(寒暑表)、"千里镜"(望远镜)、"自来火"(火柴)、"千斤秤"(起重机)等等。

西方语言词语主要出现在近代汉语里,在现代汉语里当然更是大量的。

从上面所谈的外来词看,汉民族和别的民族相互交际的历史很久,范围也很广;汉语词汇受其他民族语影响颇大,吸收其他民族语成分也颇多。自然,其他民族也吸取了汉民族的有益东西而变成为自己的一种滋养源泉。

我们对于外来词,有几点必须注意:

第一,同一个外来词往往有不同写法,比如前面谈到的"葡萄"、"苜蓿",就各有几种写法。

第二,有些外来词和我国固有词写法相同,可是念法可能不一致,比如"佛"这个词在《诗经》里该念"bì"音。

第三,有些外来词和我国固有词写法相同,读音也一致,可是意义不一样,比如"铅笔"一词的不同含义就是这样。《东观汉记》说"曹褒寝则怀铅笔,行则诵读书"句中的"铅笔",是古人用以书写的铅造笔;而今天的"铅笔"则是用一种纯炭质的矿物制造而成的。这是日本人拿汉语的"铅笔"去意译英语的词,汉人又把它搬来并改造为汉语原来读音。

第四,从其他民族语言中吸收我们所需要的成分,这是我们语言丰富发展的重要方面。

三、古今词汇的同异

(一) 文言词跟现代词形式和意义都相同

这类词有单音节的和多音节的,比如:"天、人、笔、盐、铁、鸡、收、爱、笑、白、黑、高、低、方、圆、蜻蜓、蟋蟀、逍遥、寂寞、国家、欣赏、制度、聪明、阿翁、峨眉山、黄莺儿"等等。一般说来,理解这类词并不困难。但是由于古汉语单音词多,双音词也不少,到底某两个字代表两个单音词还是代表一个双音词,有时也还得认真鉴别。比如:

(1) 却看妻子愁何在?(杜甫《闻官军收河南河北》)

(2) 陟罚臧否,不宜异同。(诸葛亮《前出师表》)

例(1)"妻子"是两个词,指"妻"和"子";例(2)"异同"是一个词,单指差异,"同"没有意义。如果把"妻子"当作一个词,就不能确切理解杜甫原意。如果把"异同"当作两个词,就会解释不通,因为诸葛亮原意是希望后主对人臣的提升、处罚,褒扬、贬抑,不应有什么差异和偏袒,而应公平合理。

(二) 文言词跟现代词形式相同而意义改变

这类词也有单音节的和多音节的,比如:

(古)	(今)	(今)	(古)
去	离开	去	往

兵	兵器,军队,战事	兵	士卒
消息	音讯,新闻	消息	生灭,盛衰
时髦	一时崇尚(时兴)	时髦	一时的英才

了解这类词的古今不同意义,自然有助于准确理解文言文。比如:

(1) 孟子去齐。(《孟子·公孙丑下》)

(2) 训卒利兵。(《左传·文公七年》)

(3) 必以长安君为质,兵乃出。(《战国策·赵策》)

(4) 夫兵,犹火也,弗戢,将自焚也。(《左传·隐公四年》)

例(1)的"去"是"离开"的意思,不能理解为"往"。"孟子之滕"(《孟子·尽心下》)的"之"才是"往"的意思(但"往"不能替换"之"来用,因为古代"往"不带宾语)。例(2)的"兵"是指武器,兵器,不能理解为"士卒"。例(3)的"兵"却是指军队,跟现代表示"士兵"的"兵"的意义相近不相等。例(4)的"兵"是指战争,军事,打仗,跟例(1)(2)的"兵"不同,也跟现代的"兵"不同。

还有些词,现代的意义概括范围比古代扩大了。比如:"雌"与"雄",原来是区别鸟类的阴阳性的,现在用来区别一切生物的阴阳性了。不但牛马可以分为雌雄,花蕊也有雌蕊、雄蕊之别。还有现在的"英雄"这个词所表示的意义更加扩大了,既可以指男性的,也可以指女性的,我们可以说"英雄母亲""女英雄"等等。跟这个相反,有些词现代的意义概括范围比古代缩小了,比如:"坟",原来指高大的土堆,后来则专指坟墓;"丈人"原来指一般年长的人,后来专指妻子的父亲;"瓦"原来指烧好的土器,后来专指盖在屋上的瓦。

(三)文言词跟现代词形式有些不同而意义基本一致。
这有几种情况

一种是单音词包含在现代多音词里边(只作为现代多音词的构词成分)。比如:"桌子、鸭子、盆儿、木头、老鹰、车辆、眉毛、月亮、窗户、睡觉、头发、巴掌、相信、热闹"等等。这些是文言的一个单音词跟现代语的一个多音词相当。从历史上看,古代已经出现这种情况,如前面讲到文言词跟现代词形式和意义都相同的时候举的"阿翁、黄莺儿、国家"之类就是。不过,在现代汉语里,这种情况显得非常突出。现代语里添上去的一个字,有些是本来没有意义的,如"巴掌"的"巴";大多数是本来有它自己的意义,可是在这里不用这个意义,如"老鹰"的"老";至少是不增加那主要的字的意义,如"头发"的"头","眉毛"的"毛";甚至不可能保留本来的意义,如"窗户"的"户"。还有,单音词发展成双音词后,原来的单音词往往改变了性质和作用,如"花盆"的"盆"常由名词借用为量词(一盆花)。

另一种是文言多音词跟现代多音词有一部分相同。比如:"水军"(古代)——"海军"(现代)。在一般情况下,文言的现代不用,"海军部队"不说"水军部队"(实际也不完全等同)。

还有一种是合两个文言单音词成一个现代多音词。比如："朋友、城市、文字、学习、评论、迁移、严肃、温暖、宽阔、渐渐"等等。原来那个单音词，现在一般不单独用，"今天去看一个朋友"不说"今天去看一个朋"；少数在特定语言环境里也可用，"学习文化"和"学文化"一样。

（四）文言词跟现代词形式全不相同而意义相同

举例如下：

（古）	（今）	（古）	（今）
饮	喝	日	太阳
甘	甜	弈	下棋
肩舆	轿子	廉	便宜

此外文言特有而现代语没有相当的词如"笏、鬼蜮"等等，现代语特有而文言没有相当的词如"干脆、张罗"等等，这也是语言发展中值得注意的事实。

以上从词汇历史发展上分清古今，从词汇系统分合及词语的形式特点上区别单音词与多音词（主要是双音词），从词汇内容表达上比较意义的同异。了解古汉语词汇，应多注意意义的比较，而比较词义，必须多关心"异"。

四、古代常用词义

单音词大量存在使同音词更容易产生。这种声音相同而意义不同的词,有写法不同的,也有写法相同的。它除了修辞上有特殊作用之外,往往给语言的学习和使用带来麻烦。比如"衣、医、一、猗……","士、氏、示、事、视……","工、公、功、攻、供、宫、弓、恭、躬……"等,念起来声音完全相同,写起来才有分别(写法相同的,更得认真对待)。汉语发展到现在,多音词已占绝对优势。理论性文章里,多音词运用得尤其多。单音词向多音词(主要是双音词)发展,这给同音词的分化提供了有利条件。同音词因不断分化而相对地减少了。双音词中虽然也有同音词,但总比单音词当中的同音词少得多了。由于文言文中同音词出现频繁,同音假借现象又较多见,同音词和多义词常易纠缠,因而也就不利于我们对词义的理解。这是我们在了解文言词义的时候必须注意到的。

了解文言文词义,除了注意同音词之外,特别要重视多义词和同义词的辨析。

汉语单义词在词汇里只占很小的比例,大多数的词都有多种互有联系而又有不同的意义。比如"理"这个词,本来是雕琢玉器即"治玉"的意思,引申为"治家、治国"的意思,并与"乱"相对。往后又引申为"处理、料理、清理"。无论治理大小事,离不开考察研究,从中寻找规律,于是又引申为"天理(大自然之理)、地理、肌理、文理、病理、道理、条理"等意义。对于多义词,必须抓住它的本义,同时掌握它的引申意义。抓住本义就像抓住了这个词的纲,其他引申意义结合上下文就较容易理解。

随着社会不断发展和人们对客观事物认识日益深化,语言中的同义词必然不断地产生。它们之间"同中有异",表现了语言的高度严密性和精确性。比如《尔雅》所载:

  初、哉、首、基、肇、祖、元、胎、俶、落、权、舆,始也。

  仪、若、祥、淑、鲜、省、臧、嘉、令、类、绥、榖、攻、谷、介、徽,善也。

  古汉语同义词很多,或古同而今异,或古异而今同,或两义合为一义,或一义判为二三,错综复杂。辨析同义词是一项很细致的工作,要把词义的变迁、词义的引申结合起来考虑。

  以上种种,表明了词汇和意义的参差。但词汇和意义的参差,并不意味着会影响人们的交际,因为词在一定的上下文里所要表达的某个意义总是确定了的。

  为了便于了解和掌握文言常用词义,后面将多举些实际词例来分析说明。不过由于篇幅有限,每个词例都作全面的系统的分析说明,自然是不大可能的,只能着重从词例中的某一主要情况略加说明,对它们之间的主要差异稍作比较和简析,以资隅反。

  在举例说明之前,我们不妨先明确辨析词义的总原则及具体如何着眼问题。总原则是既注意意义的共同性,又注意各自的细微差别。具体辨别时,要从词的一般意义(轻重、范围、褒贬等)着眼,从词的一般运用情况(运用的对象、搭配习惯、运用场合等)着眼,从词性及句法的功能着眼,从词的内部结构着眼。

（一）从词的一般意义着眼

1. 词义的轻重

词义的轻重是指词的意义的表达在程度上有轻有重。比如："抑"、"按"都表示用手压的意思，如"高者抑之，下者举之"（《老子·第七十七章》），"田延年前离席按剑"（《汉书·霍光传》），但"抑"比"按"重，所以"抑"引申为"压抑、抑制"，"按"引申为"按照"。又如"恐"和"惧"是同义词，而"恐"比"惧"语意重。

2. 词义范围的大小

有些同义词所指的虽是同一种事物，但涉及的面有广有狭，范围有大有小。比如"法"和"律"基本意义差不多，但它们所指范围大小不一样："法"所指的范围大，多偏重于"法则"、"制度"等意义，因此"遵先王之法"不能说成"遵先王之律"，"变法"不能说成"变律"；律所指的范围小，多偏重于具体的刑法条文，如"萧何造律"（扬雄《解嘲》）。

3. 词义的褒贬

某些同义词所包含的基本意义完全相同，但感情色彩不同。有的表示好的一面，带有赞许、肯定的意思，即含有褒义；有的表示坏的一面，带有贬斥、否定的意思，即含有贬义。"声"和"音"基本意义差不多，但在它们的引申意义上，"音"指言语，常用于褒义，如"德音莫违"（《诗经·邶风·谷风》），"大姒嗣徽音"（《诗经·大雅·思齐》）；"声"指名誉，可用于褒义，如"文王有声"

(《诗经·大雅·文王有声》),也可用于贬义,如"恶声狼藉,布于诸国"(《史记·蒙恬列传》)。又如"征"和"伐","征"最初是褒义词,"伐"是中性词。

(二) 从词的一般运用情况着眼

1. 运用的对象

"妇"和"女"都是指女子,但"妇"是指已婚的女子,"女"是指未婚的女子,古人分得很清楚。比如欧阳修《泷冈阡表》"自吾为汝家妇,不及事吾姑"的"妇",《战国策·赵策》"北宫之女婴儿子无恙耶"的"女",它们就不能互换。有时候,特别是男女对举的时候,"女"也用作妇女的通称,但未婚的女子绝对不能叫做"妇"。

2. 搭配的习惯

有些同义词哪个跟哪个搭配有一定的习惯,受一定的制约,不能只看到它们基本意义相同,不管它们的搭配习惯。比如甲骨文里就有了"目"字,"眼"是较晚产生的。先秦古籍中用"目"多,用"眼"少;汉代以后用"眼"增多,后来在口语中"眼"取代了"目"。但它们不能互换,"一目十行"不能说"一眼十行"。"目"用如动词时,表示注视或以目示意,如《史记·项羽本纪》"范增数目项王"的"目",也不能换用"眼"("眼"没有这种习惯用法)。

3. 运用的场合

有些词某个意义相同,可是风格色彩有细微差别。因此使用场合也往往不同。比如"驻"是车马"停止"意思,如"解鞍少驻初程"(姜夔《扬州慢》);"住"有"暂住"意思,如"去住彼此无消息"(杜甫《哀江头》)。"驻"和"住"虽都有"停留"的意义,但"驻"的"停留"义原同车马与车驾停留有关,用在较庄重场合;"住"则指一般的停留、住宿。

(三)从词性及句法功能着眼

有些词意义基本相同,但词性和句法功能不同,不能误用。比如上古没有"鞋"字,"屦"就是"鞋"。"履"在鞋子这个意义上跟"屦"同义。但"履"不能用作动词,《诗经·魏风·葛屦》"纠纠葛屦,可以履霜"的"屦"和"履"不能互换。("鞋"先秦称"屦"不称"履"。)

(四)从词的内部结构着眼

这是就部分双音节的同义词来说的。在双音节的同义词(这包括现代语中带有文言色彩的那些词)中,同义词之间往往是一个音节相同,另一个不同。我们可以从那个不同的音节所代表的词素上去看他们的区别。比如"倾听"、"谛听"、"聆听"都是用耳朵去听的意思,而各自的着重点有所不同。"倾听"是侧耳细心地听(《礼记·曲礼上》"不倾听",孔颖达疏"不得倾头属听左右也",后"倾听"引申为细听,兼表听的姿势神态),"谛听"是注意地、仔细地听,"聆听"则是恭敬地听。要辨别它们的不同意义，就得从"倾"、"谛"、"聆"上着眼细加区别。

以上只是简略地介绍了一些辨析词义的着眼点。仅凭这些着眼点当然是不够全面的，比如"蔽"和"荫"是同义词，而"蔽"可以是从前后左右遮住，也可以是从上遮着，而"荫"只能是从上遮住；"商"和"贾"是同义词，但又有"行商坐贾"之别：运货贩卖叫商，囤积营利叫贾（后来没有这种分别）等，就都没有一一分门别类地介绍。同时这些着眼点只是分别地从某一个角度提出，而不是全面综合分析。其实一组同义词往往可以从不止一个着眼点去辨析。比如前面读到的"倾听"、"谛听"、"聆听"，除了从内部结构着眼的同时，还可以从范围对象和场合着眼。（"倾听"除听外界的声音动静外，还包括听别人言论；"谛听"常是听外界的声音动静，多用于文艺作品；"聆听"多指听受尊敬的人的言语、教导，带有感情色彩。）以为某一组同义词一定只能从某一个着眼点去辨析，未免是个错觉。

另外还必须指出，有些词，从现代语角度去认识是同义词，从古代语角度去认识却是反义词。比如"去"在古代是离开意思，如"孟子去齐"（《孟子·公孙丑下》）是孟子离开齐国；"往"是走向目的地的意思，如"晨往，寝门辟矣"（《左传·宣公二年》）是早晨走向……。对此，我们也不能有所忽略。

总之，同义词的细微差别表现在意义、用法及色彩等方面。这些方面是紧密联系在一起的，辨别它们的时候，应更多联系上下文全面剖析、比较，着重揭示同义词之间的主要差别。

同义词间意义联系与区别的复杂性,是跟词义的历史发展演变的复杂性分不开的。特别是词义的不断引申,使同义词间的关系更加错综复杂。这种错综复杂不一定是坏事,相反的,正意味着语言的丰富发达,有助于表达深刻细致的思想内容。

词义的发展演变有自身的内部规律。

下面这些也都是同义词(包括部分同义的),不妨再来分别辨析一下:

章、表

汉代臣子给天子的信分为四种:"章"用来谢恩,"奏"用来弹劾,"表"用来陈请,"议"用来辩驳。诸葛亮《出师表》、李密《陈情表》都是用来陈请的。但这种分法并不太严格。刘知几《史通·言语》"运筹画策,自具于章表"的"章表"已可以看作是双音词了。还有"表章、奏章、奏议"也都可以看作双音词。

疾、病

秦汉以前一般的病叫"疾",重病叫"病"。《说文》:"病,疾加也。"秦汉以后"疾"和"病"逐渐没有分别了。

材、才

除了表示"木材"的意义只能用"材",表示"才能"的意义"材"和"才"通用。《文心雕龙·熔裁》"美材既斲"的"材"是"木材";司马迁《报任安书》"日夜思竭其不肖之才力"的"才"和"夫中材之人"的"材",都指"才能"。杨恽《报孙会宗书》"恽材朽行秽"的"材"语意双关,以木材喻才能。

城、郭

古汉语"城"原先意义是"所以盛民也"(详《说文》),后来指防御用的建筑物,但不指政治区域。"城"与"郭"并称的时候,"城"指内城,"郭"指外城,如《孟子·公孙丑上》"三里之城,七里之郭"的"城"和"郭"。"城郭"两字连用时,就指一般的城。

仇、雠

仇、雠古代不同音:"仇"(配偶)读如"求"(现在姓"仇"的"仇"还读如"求"),"雠"(仇人)读如"酬"。"仇"也可以表示"仇敌"意思,古书"仇雠"两字就常连用,如《左传·成公十三年》:"君之仇雠而我之昏(婚)姻也。"

丘、墓、坟、冢(zhǒng)

古代在坟墓的意义上,高的叫丘,平的叫墓。但常通用,而且连用,如司马迁《报任安书》"亦何面目复上父母之丘墓乎"的"丘墓"。(后因避孔子讳,"丘"也写作原是邑名的"邱",或省笔为"丘"。)"坟"当墓讲,是较后起的义;"坟"与"墓"的分别也是高和平的分别,《礼记·檀弓》就有"古者墓而不坟"的说法。"冢"是大坟。杜甫《曲江》:"苑边高冢卧麒麟。"丘是大冢,所以赵武灵王的墓称为灵丘,吴王阖闾的墓称为虎丘。

皮、革、肤

带毛的兽皮叫"皮";去毛的兽皮叫"革",如《左传·僖公二十三年》"羽毛齿革则君地生焉"。"肤"是人皮的专称。古代"皮"、"革"都不能用来指人的皮肤,只有咒骂人时才说"食其肉,寝其皮",这是把对方当禽兽来看待了。"肤"也决不能指禽兽的皮。

甫、父

上古成年都可称"甫(父)"。贵族男子行冠礼之后,多以"……甫(父)"为字。《诗经·大雅·烝民》:"保兹天子,生仲山甫。"后世尊称别人的名或字叫"台甫"。古代成年人才能戴的一种礼帽叫"章甫","章甫"即表明成年男子的身份,如《礼记·儒行》:"长居宋,冠章甫之冠。"在这个意义上,"甫"、"父"通用(其他各义不相通)。古代称孔子为"尼父",也作"尼甫"、"仲尼甫"。仲山甫、尹吉甫(周宣王时大夫)《汉书》古今人名表作仲山父、尹吉父。

栈、阁

在栈道的意义上,"栈"与"阁"是同义的,如《战国策·齐策》"为栈道木阁以迎王与后于城阳山中"。分开来说,"栈"是平铺的,"阁"是架空的(用木材架于空中以为道路)。"阁"后来引申为楼与楼之间的架空复道,人们经过复道从此楼到彼楼,如王勃《滕王阁序》"飞阁流丹,下临无地"。

宫、室

先秦时代"宫"、"室"同义,都指房屋、住宅,如《论语·子张》"譬诸宫墙"的"宫"。秦汉以后,"宫"专指帝王所住的房屋、宫殿,它与"室"大有区别了。

馆、舍

"馆"、"舍"都是宾馆或客舍。比如:《左传·襄公三十一年》"乃筑诸侯之馆"。《庄子·说剑》:"夫子休就舍。"(请您休息,住在宾馆里。)《战国策·赵策》:"今奉阳君捐馆舍。"(捐,抛弃;捐馆,婉言指死。)

国、邦

"国"、"邦"都指国家。但"国"可当"首都"讲,"邦"不可当"首都"讲。比如《左传·隐公元年》:"先王之制,大都(指大都邑)不过参国(指首都)之一。"汉代为避刘邦讳,"邦"写作"国",如"协和万邦"改为"协和万国"。

英、豪、俊、杰

四者都就人的才能、品德方面的品题说。如"三代之英"的"英"就是指人物之美。古人说才能过十人为"豪",过百人为"杰",过千人为"俊",过万人为"英",这是强生分别的解释,不必拘泥。"英"、"俊"、"杰"一直用于褒义("英俊"、"杰出"连用它们已是形容词),"豪"后来也用于贬义,如"土豪劣绅"(古代"土豪"只指"地方的首脑")。

帝、王、皇

"帝"起初指"天神","王"指最高统治者。殷商后期,最高统治者也称"帝",如"帝甲"、"帝乙"、"帝辛"。在诗经中,"帝"和"王"区别得很清楚,"帝"是上帝(整个宇宙的主宰者),"王"是天子,如"周武王"。"帝"和"王"基本上是神和人的分别。后来诸侯也称"王",如"楚庄王";古人说这是僭称(不该称而称)甚而称帝,如《战国策·赵策》"前与齐湣王争强为帝"。秦以后天子称帝,于是臣子、贵戚就可以封为"王"了,如"淮南王"。这样,"帝"与"王"也就成了君与臣的分别了。先秦文献已见"皇帝"之称,不过所指的不是天子而是天帝,秦始皇始以皇帝自称。以后"皇"虽也单用来指称天子,但只见于"高皇"、"太上皇"、"上皇"等词语中,一般都是"皇帝"并称。

货、赂、资、财、贿

货,财物,物资,如《孟子·梁惠王下》"寡人好货"。但不当商品讲(当商品讲是后起义)。

赂,财物,常以"货赂"二字连用,如《荀子·富国》"货赂将甚厚"。

资,钱物,如《周易·旅卦》"怀其资"。现代汉语则说"资本"、"资产"、"资财"、"资金"等。

贿,财物,《诗经·卫风·氓》"以尔车来,以我贿迁"。

可见这五个字是同义的。如果仔细加以区别,则金玉为"货",布帛为"贿";"资"多指钱财,"财"则多指日常生活必需品,包括米粟在内。"赂"和"贿"差别更微,只是"赂"字较多用作动词,"贿"字较多用作名词。"贿赂"连用作动词是后起义。

江、河

江,古代专指长江,扬子江。"江东"指长江之东,"江南"指长江之南,"江间"指长江中间。

河,古代专指黄河。"河东"指黄河之东,"河内"指黄河之北,"河外"指黄河之南。

"江、河"后代引申为一般河流的意义,但北方的河流多称"河",如漳河、渭河;南方的河流多称"江",如湘江、漓江、钱塘江、珠江,都是受了"江"、"河"的本义影响。

途、道、路、蹊、径、塗

途、道、路是一类,都是通车的路:"途"容一轨,"道"容二轨,"路"容三轨;泛指时没有区别。"蹊径"是一类,都是不能通车的路。"径"常常是直而近的小路,可以通牛马;而"蹊"则比"径"更小,只是人们经常践踏而成的。"塗",路,如《论语·阳货》"遇诸塗"。又写作"涂",如《战国策·赵策》"将之薛,假涂于邹"。后代又写作"途",如陶渊明《归去来辞》"实迷途其未远,觉今是而昨非"。

凌、淩、陵

凌的本义是冰,淩的本义是水名,陵的本义是大山,三者差别很大;但是由于同音缘故,在用来表示犯、越等意义时,常常通用,比如"气凌彭泽之樽"(王勃《滕王阁序》),"少陵长"(《左传·隐公三年》)。

领、颈

两者一般没有分别,都指脖子,只是"领"引申为衣领、领子;颈又特指脖子的前部,所以"刎(wěn)颈"不能说成"刎领"。

岭、山

岭(嶺),本作领,山腰,如《汉书·严助传》"舆轿而隃(踰)领"。引申为山,如韩愈《山石》"清月出岭光入扉"。又为一条山

(不是独立的峰),如苏轼《题西林壁》"横看成岭侧成峰"。又为连绵不断的山,山脉的干系,如王羲之《兰亭序》"此地有崇山峻岭"。"岭"作山腰或一条山讲的时候,与山大有区别。"横看成岭侧成峰",其中的岭不能解作山。但"岭"的引申义则与山的意义差不多,"崇山峻岭"的"岭"也可以说是"山"的同义词。

福、禄

"福"是一般的福;"禄"是食福,如《左传·庄公四年》"王禄尽矣"(禄尽,指将死)。依上古的说法,"福"、"禄"都是天赐的,但稍有不同。"福禄"二字连用时,并不意味着它们完全同义,而表示既有福,又有禄。后代"福"往往指富,"禄"往往指贵。

宗、庙

宗,祖庙,供奉神主的地方;庙,从祭祖的地方引申为一般供奉神的地方,范围较大。不过上古只有祖庙称"庙",神庙不称"庙"。先秦"宗庙",常连用,如《战国策·齐策》"寡人不祥,被于宗庙之祟";《论语·先进》"宗庙之事"。后代于"宗庙"的意义单用时,称"庙"不称"宗"。

偶、耦

偶,土或木作的人像,如《战国策·齐策》"有土偶人与桃梗相与语";耦,古代的一种耕作方法,即两人并耕或两耜并作,如《论语·微子》"长沮桀溺耦而耕"。从以上本义看,二者毫不相干。但"耦"的引申义"双数"和"配偶"等,后来被"偶"取代了,两者遂有了关联。先秦古籍中,"配偶"意义一般都写作"耦";两汉以后则多作"偶",也可作"耦"。后代习惯上"偶语"、"奇偶"、"不偶"中的"偶"不作"耦","耦耕"的"耦"不写作"偶"。

篇、编

古代文章刻写在竹简上,把首尾完整的一部分用丝绳或皮带编串在一起叫"篇",如司马迁《报任安书》"诗三百篇"。篇、编有联系又有区别:"编"可以作动词,"篇"不能。同用作名词时,"编"指整部的书,如"简编"、"长编",也可指书中较大的一部分,如"上编"、"下编"、"前编"、"后编";"篇"则只指"篇章"。"编"的外延大于"篇"。

盗、窃

"盗"和"窃"用作动词时是同义的:《左传·文公十八年》"盗器为奸"的"盗"、《庄子·胠箧》"彼窃钩者诛,窃国者为诸侯"的两个"窃",同是"偷"的意思。但是"盗"又是名词,表示"盗贼";"窃"不用作名词。

衾、被

"衾"和"被"泛指没有分别:《楚辞·招魂》"翡翠珠被",白居易《长恨歌》"翡翠衾冷谁与共",其中"被""衾"都指"被子"。确指时小被叫寝衣,大被叫衾。古代常常说衾不说被。

躬、身

在"身体"意义上,"躬"、"身"同义:《论语·尧曰》"罪在朕躬",《孟子·告子下》"空乏其身"。但习惯用法有不同:"躬"专指人身,"身"又可指物身。"身"还可用于抽象意义,如"修身"、

"守身"、"洁身"。

圣、贤

最初,"圣"是从知识方面说,"贤"是从道德方面说。后来儒家把圣的概念神秘化了,有"不学而知,不学而能"的意思。在帝王极权时代,皇帝也被尊称为圣人。皇帝以外,只有所谓创造文字的仓颉以及周公、孔子等可称为"圣人"。这样,圣和贤就成了人品高下的差别:贤是经过努力可以达到的道德标准,圣则被认为是"天生"的。这是极其有害的唯心主义"天才论"。

装、饰

"装"着重表示衣服,"饰"着重表示服装之外的一些装饰品,如《楚辞·离骚》"佩缤纷其繁饰兮"的"饰"就是"装饰"意思。在用作动词时,"装"只表示装束,"饰"表示装扮以外再增些颜色或文采。在"打扮""修饰"这种意义上,"装"只用于具体方面,不能用在抽象的方面;"饰"则两方面都可以用,并引申为文辞的加工("文采所以饰言"),引申为掩饰("文过饰非")。

众、庶

在表示"多"的意义上,"众"、"庶"同义。但"众"可用作名词,"庶"一般不作名词用,"尊贤而容众"的"众"不能换成"庶"。此外,"众人"指一般的人,普普通通的人,是与所谓圣贤或杰出的人物相对而言的,如《楚辞·渔父》"众人皆醉我独醒","庶人"指百姓,与统治者相对而言,如《论语·季氏》"天下有道,则庶人不议"。

年、岁

表示年龄的时候,"年"字放在数目字前面("年八十");"岁"字放在数目字后面("八十岁")。"年"不泛指"光阴","岁"不表示"寿命",因此,"日月逝矣,岁不我与"的"岁","可以尽年"的"年",二者不能互换。"望岁"也不说"望年","忘年交"也不说"忘岁交"。表示"光阴"的意思后代常"岁月"连用,如"岁月不待人"(陶潜《杂诗》)。

叙、序

在序文的意义上,"叙"、"序"通用,后代都写作"序"。在次序的意义上,"叙"是动词,表示使有次序;序是名词,表示次序。临别赠言的赠序习惯上不用"叙",庠序的"序"指学校,当然也不用"叙"。

涯、岸、垠

"涯"指水边,如"若涉大水,其无津涯"(《尚书·微子》);"岸"的本义是高的水涯;"垠"的本义也是岸,但常见的只有边际的意义,而且只用在"无垠"这个特定结构里,如"平沙无垠"(李华《吊古战场文》)。"无垠"多用于具体意义,"无(有)涯"多用于抽象意义,如"吾生也有涯,而知也无涯"(《庄子·养生主》)。

囿、苑、园、圃

"囿苑"是帝王穷奢极侈的游乐场所,先秦叫"囿",汉以后也称"苑",二者同义。比如:"王在灵囿,麀鹿攸伏。"(《诗经·大雅·灵台》)"游于六艺之囿"。(司马相如《上林赋》)"不务明君臣之义,正诸侯之礼,徒事争于游戏之乐,宛囿之大"。(同上)"园"和"圃"是农民所有:种树的叫园,种菜的叫圃,浑言则无别。

盗、贼

"盗"(前面已谈到过)一般指偷窃东西的人,"贼"指乱臣。"盗""贼"两字的上古意义同现代意义相反:现在的"贼"(偷东西的人)上古叫"盗",现在"强盗"上古叫"贼"。比如:"季康子患盗"。(《论语·颜渊》)"乡原,德之贼也。"(《论语·阳货》)用作动词时,上古"盗"指偷东西,如"盗名不如盗货"(《荀子·不苟》);"贼"指毁害,如"贼夫人之子"(《论语·先进》)意思是"害了人家的儿子"。

卒、兵、士、军

"卒"是战士,"兵"是武器,如"训卒利兵"(《左传·文公七年》)。"士"也是战士,作战时士在战车上面,卒则徒步。"兵"一般指武器,也指军队或战事(打仗),如"必以长安君为质,兵乃出"(《战国策·赵策》),"夫兵,犹火也,弗戢,将自焚也"(《左传·隐公四年》)。"军"是集体名称,如"三军"的"军"。

根、本

"根"、"本"原有区别:"根"是地下的部分,"本"是地上的部分(树的主干),与"末"相对。一木只有一本,但可以有多根。"本"引申为根本,基础,主要的东西,如"君子务本"(《论语·学而》)。现在"根本"连用。

辞(辭)、词

"辞"《说文》有两种写法：表示推辞的意思写作"辤"，表示言词和文词的意思写作"辭"。在言词和文词的意义上，"辞"和"词"同义，如"修辞立其诚"(《周易·系辞》)。汉以后逐渐以"词"代替"辞"。

败、负

"败、负"都表示打败仗，但"负"一般只用于胜负对举的时候，如"无益于胜负之数"(《史记·陈丞相世家》)。否则只说"败"，不说"负"，如"武安君必败"不说"武安君必负"。还得注意：在"打败仗"这个意义上，古人说"败"，不说"输"。

援、持、操、把、秉

"援"，拉，拽(zhuài)，如"嫂溺援之以手"(《孟子·离娄上》)；"持"，拿着，如"子之持戟之士一日而三失伍"(《孟子·公孙丑上》)；"操"，拿住，握在手里，如"操吴戈兮被犀甲"(《楚辞·国殇》)；"把"，持握，攥(zuàn)如"汤自把钺以伐昆吾"(《史记·殷本纪》)；"秉"，手拿着，如"士与女，方秉蕑(兰花)兮"(《诗经·郑风·溱洧》)。总之，这五个词都是关于手的动作的。其中以"援"字为最容易区别，它是用手拉，其他四个都没有这种意义。"持"、"操"、"把"是同义词，所以在用法上有交错现象。"持"用于一般的意义，用途最广。"秉"用途最狭，后代一般只用于抽象意义。用于抽象意义时，表示主持，掌握，如"秉国之均"(《诗经·小雅·节南山》)。

征、伐

"征"最初是褒义词,"伐"是中性词。"征"只用于上(天子)进攻下(诸侯),有道的进攻无道的,如"五侯九伯,汝实征之"(《左传·僖公四年》)。"伐"用于诸侯国之间,不是上对下,也不一定限于有道对无道,如"公伐诸鄾"(《左传·隐公元年》);后来因为经常是"征伐"连用,"讨伐"连用,所以也逐渐用于褒义。

澄、清

"澄"、"清"在水清的意义上是同义的(都特指水清)。比如"澄江静如练"(谢朓《晚登三山还望京邑》),"沧浪之水清兮,可以濯吾缨"(《楚辞·渔父》)。但在使水澄清的意义上,用"澄"不用"清";"清"与"浊"相对,"澄"不与"浊"相对。"澄清"连用表抽象的意义,如"登车揽辔,慨然有澄清天下之志"(《后汉书·范滂传》)。

贬、谪、斥

"贬",降职,如"是当请自贬三等"(《三国志·诸葛亮传》);"谪",谴责,责怪,又写作"讁、适",如"国子谪我"(《左传·成公十七年》),"室人交遍讁我"(《诗经·邶风·北门》),"举适诸窦宗室毋节行者"(《史记·魏其武安侯列传》);"斥",屏弃,不用,如"与闻国政而无益于民者斥"(《汉书·武帝纪》)。总之,"贬、谪、斥"在贬斥的意义上是同义的。但是,由于词源不同,意义也有细微差别。"贬"着重在降职,"谪"着重在谴责,"斥"着重在屏弃。因此,有时可以"贬"而不"谪",如诸葛亮"自贬三等"。有对

"谪"表面上表谴责,实际上表贬斥,如"仆自谪过以来,益少志虑"(柳宗元《答韦中立论师道书》)。"斥"的意义只是屏弃不用,与"贬"、"谪"差别更大些,所以"一朝尽斥去其旧臣"(苏轼《贾谊论》)不能换成"贬去"或"谪去"。现代有双音词"斥退","排斥"等。

通、达

"通"、"达"古双声字("达"古音如"挞"),都是"通到"的意思,比如"舟车之所通"(《庄子·秋水》),"浮于淮泗,达于河"(《尚书·禹贡》)。但二者也有些差别:"通"多指通往,通向;"达"多指达到,到达。因此,"通西域"不能说"达西域","不通"也不等于"不达"。用作形容词时,"通"多指接触面广,如"变通以趋时"(《文心雕龙·镕裁》);"达"多指胸怀宽坦,如"妙达此旨,始可言文"(沈约《谢灵运传》)。"效之,不亦达乎"(《世说新语·德行》)。因此,"通人"不等于"达人",王勃《滕王阁序》的"达人知命"不能看作是"通人知命"。

饥、饿

"饥"是一般的饥,"饿"是严重的饥,挨饿,不当简单的肚子饿讲,如"伯夷叔齐饿于首阳之下"(《论语·季氏》)。"饥"与"饿"的对比情况,正像"疾"与"病"的对比情况一样,"疾"是一般的病,"病"是重病。

饥、饑

"饥"与"饑"不是异体字或通假字。"饥"用于"饥饿","饑"

用于"饥荒",如《论语·颜渊》"年饑,用不足"的"饑"是指荒年,五谷不成熟。《左传》中的"饑"、"饥"绝不相混,《孟子》中的"饑"有时当"饥饿"讲,但"饥"不能当"饑荒"讲。中古以后二者混同起来了。

拂、拭

"拂",掸(打去尘土),如"事了拂衣去"(李白《侠客行》);"拭",揩,擦。二者实际含义不一样。

拂、抚、拊

"拂、抚、拊"都有"抚摩"的意思。"拊"和"抚"是古今字。先秦两汉表示"抚摩"或"拍"、"敲"的意思,多作"拊",汉以后多作"抚"。后代"抚恤"、"巡抚"等义只用"抚",不用"拊"。"拂"在"抚弦"这种用法上,有时与"抚"通,如"欲得周郎顾,时时误拂弦"(李端《听筝》)。

报、告

"报"一般用于复命,如"庙成,还报孟尝君曰"(《战国策·齐策》)的"报",表示奉命办事完毕,回来报告;"告"用于告诉,如"且告之悔"(《左传·隐公元年》)。在"告诉"的意义上,"告"跟"语"又是同义词,但对上只能用"告",不能用"语"。

购、买、市

上古"购"只是悬重赏以征求的意思,所购的往往不是商品,跟买卖性质不同。直到宋代,"购"也只表示重价收买,跟一般的买还有细微分别。"市"同"买"同义,如"责毕收,以何市而反"

（《战国策·齐策》）的"市"是"买"的意思。"市"的另一含义是指交易物品的场所，市场；"城市"、"市镇"由这个意义发展而来。

乖、舛(chuǎn)、戾、剌

"乖"，不顺，不协调，比如"楚执政众而乖"（《左传·昭公三十年》），"舛"，错乱，违背，如"情舛错以曼忧"（《楚辞》）。"乖"与"舛"意义最相近，所以"乖互"又可说成"舛互"。"戾"本义是曲，乖戾只是它的引申义。又"暴戾"的"戾"更与"乖舛"不同，如"猛贪而戾"（《荀子·荣辱》）。"剌"(là)一般只用于双音词"乖剌"、"剌谬"中，如"今少卿乃教以推贤进士，无乃与仆私心剌谬乎"（司马迁《报任少卿书》）。

还、归

"还"，回去，回来，如"吾其还也"（《左传·僖公三十年》），"还家自休息"（鲍照《拟行路难》）。"归"，回家，回国，如"咏而归"（《论语·先进》），"子归何报以我"（《左传·成公三年》）。在"回"的意义上，"还"、"归"相似。不过"归"特指"回家"、"回国"，"还"只表示简单的"回来"。"而还"连用等于"以来"，表示过去某时直到现在，比如"秦汉而还，多事四夷"（李华《吊古战场文》）。

泣、哭、号、啼、呜咽

无声有泪叫"泣"，有声有泪叫"哭"，哭而有言叫"号"，痛哭叫喊叫"啼"，若泣而有轻微的声音叫"呜咽"。比如"持其踵为之泣"（《战国策·赵策》），"汤使人哭之"（《淮南子·说林训》），"或不知叫号"(《诗经·小雅·北山》),"莫不呼天啼哭"(《荀子·非相》),"观者皆欷歔,行路亦呜咽"(蔡琰《非愤》诗)。后来"啼、号、哭"三字渐渐没有分别。至于"鸡啼、猿啼、鸟啼、呜啼",同"豕人立而啼"(《左传·庄公八年》)的"啼"一样,只表示"叫",不是引申义的"哭"。

纪、记

在"记载"这个意义上,"纪、记"相通,比如"若其纪一事,咏一物"(萧统《文选序》),"书记先王之事,故长于政"(《史记·太史公自序》)。但有些习惯用法,不容相混,如《五帝本纪》不作《五帝本记》,《汉纪》不作《汉记》,而《史记》也不作《史纪》。至如"记"作为一种文体如"奏记"、"游记",则是"纪"所没有的意义。

假、借

上古表示"借用"这个概念一般用"假",如"晋侯复假道于虞以伐虢"(《左传·僖公五年》);中古以后,则多用"借"而少用"假",如"在剡曾有好车,借无不给"(《晋书·阮裕传》)。

监、鑑、鉴

"监"出现很早,金文中已有了。最初以盆水为监,即对着盆水照看自己的形象(所以"监"从"皿")。这种用来照看自己形象的器具也就叫做"监"。"监"与"鑑"是古今字,"鉴"与"鑑"是异体字。在两汉以前的古籍中,凡用"鉴"的地方,也都可以作"监"。汉以后分工渐细,于"铜镜"、"照"、"借鑑"等义,用"鑑"不用"监";于"监临"、"监督"等义,用"监"不用"鑑"。

问、讯、诘

"问",提出问题,询问,如"敢问何谓也"(《左传·隐公元年》);引申为追问,责问,如"昭王南征而不复,寡人是问"(《左传·僖公四年》);也可表示审问,如"淑问如皋陶"(《诗经·鲁颂·泮水》)。"讯",特指上问下,如"君尝讯臣矣"(《公羊传·僖公十年》);引申为审问,如"卒从吏讯"(邹阳《狱中上梁王书》)。"诘",责问,如"是所谓诘匠氏之不以栈为楹"(韩愈《进学解》),引申为追问,追究,如"牛马畜兽有放失者,取之不诘"(《淮南子·时则》)。这三者,"问"的意义最广,"讯"较多用于审问,"诘"较多用于追问。

进、入

"进",向前进,推进,跟"退"相对,如"非敢后也,马不进也"(《论语·雍也》);"入",进,进去,进来,跟"出"相对,如"三过其门而不入"(《孟子·滕文公上》)。现代说"进去"、"进来",古代只说"入",不说"进","入门"不能说成"进门"。"入"与"出"对举,有时候表示国内或家内,如"弟子入则孝,出则悌"(《论语·学而》)。

阻、沮

"阻"本义是路难走,如"道阻且长"(《诗经·秦风·蒹葭》);"沮"是水名。二者的引申义只是"阻止"这种意义是相通的,其他全不一样。先秦古籍"阻止"的意义写作"沮",不写作"阻",如"嬖人有臧仓者沮君"(《孟子·梁惠王下》)。

弃、委、捐

"弃"、"委"、"捐"三者是同义的。比如"弃人用犬,虽猛何为"(《左传·宣公二年》);"花钿委地无人收"(白居易《长恨歌》);"侯自我得之,自我捐之,无所恨"(《史记·魏其武安侯列传》),这里的"弃"、"委"、"捐"都是"抛弃"意思。因为它们是同义的,所以又产生"委弃"、"捐弃"等等双音词。

戏、弄

"戏"、"弄"在"戏耍"这个意义上是同义词。比如"弄儿床前戏"(鲍照《拟行路难》)。"戏"可用于形体动作方面,也可用于言语行为方面;"弄"则偏重于手的动作方面。

计、虑、图、谋

"计"是心中盘算,着重在订计划或定计策,比如"父母之爱子则为之计深远"(《战国策·赵策》),"孟尝君为相数十年,无纤介之祸者,冯谖之计也"(《战国策·齐策》)。"虑"是反复思考,着重在把事情想透,如"愿足下孰虑之"(《史记·淮阴侯列传》)。古代"虑"不当"忧愁"、"耽心"讲,跟"忧"有明显区别。"图"是考虑后有所决定,有时候表示打算对付别人。如"阙秦以利晋,唯君图之"(《左传·僖公三十年》),"无使滋蔓,蔓难图也"(《左传·隐公元年》)。"谋"较接近"图",但又另有咨询的意思,如"肉食者谋之"(《左传·庄公十年》),"来即我谋"(《诗经·卫风·氓》)。

这四个词常常可以相通,所以"孰虑"可以说成"孰计","宏图"可以说成"宏谋";有时常常对文,如"深谋远虑"、"诈谋奇计"等。

睡、眠、卧、寝、寐、寤

"睡"是坐着打瞌睡,如"苏秦读书欲睡,引锥自刺其股"(《战国策·秦策》)。"眠"原写作"瞑",是闭上眼睛,如"倚树而吟,据槁梧而瞑(眠)"(《庄子·德充符》)。"卧"是靠着几(一种矮桌子)睡觉,如"坐而不言不应,隐几而卧"(《孟子·公孙丑下》)。"寝"是在床上睡觉,或病人躺在床上。可以是睡着,也可以没有睡着,如"归寝不寐"(《国语·晋语》)就是指没有睡着。"寐"是睡着,如"寤寐求之"(《诗经·周南·关雎》)。"假寐"则是不去衣冠而睡。如"尚早,坐而假寐"(《左传·宣公二年》)。到了中古以后,词义有了变化,"睡"即等于"寐",如"众雏烂漫睡,唤起霑盘餐"(杜甫《彭衙行》)。"寤"是睡醒,如"道士顾笑,予亦惊寤"(苏轼《后赤壁赋》)。

引、却

"引",向后退,如"秦军引而去"(《战国策·赵策》);"却",退,使退,如"秦将闻之,为却军五十里"(《战国策·赵策》)。现代有双音词"退却"。"引"和"却"都有"退"的含义,但二者并不尽同,"引"着重表现退却的姿态,"却"着重表现退却的行为,"引而去"不能说"却而去"。

履、践、蹈、蹑

"履",踩,如"如履薄冰"(《诗经·小雅·小旻》)。现代汉语有双音词"履行"。(前面讲"履"表示"鞋子"的意思,是汉以后的意义,跟这儿的"履"是两回事。)"践",踩,践踏,如"敦彼行苇,牛羊勿践履"(《诗经·大雅·行苇》),后来有双音词"践踏"。如《三国演义》第五十一回:"城中曹兵突出,吴兵自相践踏,落堑坑者无数。""蹈",踩,踏,如"长驱蹈匈奴"(曹植《白马篇》);"不知手之舞之,足之蹈之也"(《诗经·周南·关雎》序)。现代有常用到的成语"手舞足蹈"。"蹑",踩,如"张良、陈平蹑汉王足"(《史记·淮阴侯列传》)。

"履"、"践"、"蹈"、"蹑"的共同意义是"踩",但又有细微差别。"履"和"践"都是"行走在……上"的意思;"蹈"则是踩踏的意思,并常带有冒险的意味,如"蹈火"、"蹈海"、"蹈河"等。"蹑"是有意识地踩上去,所以能引申出"踏上"、"登上(高位)"、"占据"的意义来。

视、见

"视",看,如"下视其辙"(《左传·庄公十年》);"见",看见,如"见贤思齐焉,见不贤而内自省也"(《论语·里仁》)。"视"和"见"的区别,即"看"和"看见"的区别,从下面例句中更可以看出:"心不在焉,视而不见"(《礼记·大学》)。

之、如、适、往、赴

"之",到(某地)去,如"驱而之薛"(《战国策·齐策》)。上古还有"去之"的说法,但"去"只表示离开某地,"之"才是表示到某地去。如"庄辛去(楚)之赵"(《战国策·楚策》),是说庄辛离开了楚国而到赵国去。"如",到(某地)去,如"文公如齐,惠公如秦"(《左传·成公十三年》)。"适"(適),到(某地)去,如"子适卫"(《孟子·滕文公上》)。"往",去,如"晨往,寝门辟矣"(《左传·僖公三十年》)。赴,奔向,如"赴京";特指投向凶险的处所或危险的事物,如"若赴水火,入焉焦没耳"(《荀子·议兵》)。

在到某地去的意义上,"之"、"如"、"适"没有什么分别,"之薛"、"如齐"、"适卫"可以互换。"往"跟这三个词的区别较大;这三个词带宾语,而"往"一般不带宾语,上古不说"往薛"。"赴"跟其他四个区别更大,"赴"表示奔向(特别是奔向水火或凶险之境),而不是简单的往(也能带宾语)。

居、住、宿

"居"是定居,如"仲子所居之室"(《孟子·滕文公下》)。"住"是较后起的,它的反面是"去","去住"等于说"去留","留"或"住"是"暂住"的意思,如"去住彼此无消息"(杜甫《哀江头》)。同时"住"也可以有"定居"的意思,如"故将移住南山边"(杜甫《曲江》)。在这种情况下,"居"和"住"是同义词了,只是后来"居"成为文言,"住"成了口语。如:同居、分居、迁居,按口语说便是:在一起住、分开住、搬去住。"宿"指临时寄宿或投宿,如:"止子路宿"(《论语·微子》)。

讬、托

"讬"是寄托,如"长安君何以自讬于赵"(《战国策·赵策》)。"托"是后代"讬"的通俗写法(上古没有"托"字)。宋代以后,"讬身"、"讬故"等,有人写成"托"。但"托"有它自己所特有的意义,表示用手掌承着东西,如"托钵"之类。

观、望

"观"是细看,有目的地看,如"曹共公闻其骈胁,欲观其裸;浴,薄而观之"(《左传·僖公二十三年》)。"望"是向远处看,如"登轼而望之"(《左传·庄公十年》)。"吾视其辙乱,望其旗靡"(《左传·庄公十年》)的"视"和"望"正可作比较:敌军已经走了,曹刿下车看敌人的车迹,这是近看,所以用"视";敌人是扛着旗子走的,曹刿只能从远处看见他们的旗子,所以用"望"。

谓、曰

"谓",对(某人)说,如"公使谓之曰"(《左传·僖公三十二年》)。"谓"是"说"的意思,后面有引语,但不与引语紧接;"曰"后面紧跟着就是引语。旧小说里常有某人"说道","谓"等于"说","道"等于"曰"。

书、写

"书",写,写字,如"太史书曰:'赵盾弑其君'"(《左传·宣公二年》)。在"写"或"写字"这个意义上,唐代以前说"书"不说"写"。古人只说"作书",不说"写字",如"方作书,落笔于地"(《三国志·吴志·鲁肃传》)。

求、寻、觅

这三个词,在"找"的意义上是同义词。但上古只用"求",如"犹缘木而求鱼也"(《孟子·梁惠王上》);中古以来才用"寻"和

"觅",如"寻坠绪之茫茫"(韩愈《进学解》),"涉舟航而觅路"(辛弃疾《永遇乐·京口北固亭怀古》)。

养、畜

"养"指养人,如"是助王养其民"(《战国策·齐策》);"畜(xù)"指养禽兽,如"鸡豚狗彘之畜,无失其时"(《孟子·梁惠王上》)。但"畜"也有用来指养人,那是就所谓"低贱"的人而言,如"俯不足以畜妻子"(《孟子·梁惠王上》),"倡优畜之"(司马迁《报任安书》)。

蔽、荫

"蔽"、"荫"都表示遮住、遮掩、遮盖的意思,但二者有区别。"蔽"可以从前后左右遮住,如"以身翼蔽沛公"(《史记·项羽本纪》),也可以从上遮住,如"旌蔽日兮敌若云"(苏轼《前赤壁赋》)。"荫"只能是从上遮住,如"榆柳荫后檐"(陶潜《归园田居》)。

瞻、眺、睇、眄

"瞻"是看,但不是一般的看,而是往远处看,往高处看等等,如"瞻望弗及,伫立以泣"(《诗经·邶风·燕燕》),"瞻前而顾后兮"(《楚辞·离骚》)。"眺"是远望,常常用于看风景,如"可以远眺望"(《礼记·月令》),"举目眺岖嵚"(谢灵运《登地上楼》)。"睇"是微微斜视,如"既含睇兮又宜笑"(《楚辞·九歌·山鬼》)。"眄"是斜视,如"众莫不按剑相眄者"。"睇眄"常连用,如"穷睇眄于中天"(王勃《滕王阁序》)。

崩、薨、卒、死、没（殁）

封建社会"死"的说法也分等级。《礼记·曲礼》："天子死曰崩，诸侯曰薨，大夫曰卒，士曰不禄，庶人曰死。"《唐书·百官志》："凡丧，二品以上称薨，五品以上称卒，自六品达于士人称死。"《左传》对诸侯有时也称"卒"，如"冬，晋文公卒"。到了唐代，"卒"字的用法更不严格，杜甫《自京赴奉先县咏怀》则有"入门闻号咷，幼子饥已卒"。"殁"是委婉说法但也并不严格，如《孟子·滕文公上》"昔者孔子没"，司马迁《报任安书》"鄙陋没世"。（上古"殁"常写作"没"，后世一般写作"殁"。）

召、招

"召"，呼唤（特指上对下），如"召孟明、西乞、白乙，使出师于东门之外"。"招"，打手势叫人来。《楚辞·招魂序》王逸注："招者，召也；以手曰招，以言曰召。"

制、製

"制"和"製"是古今字，古籍中也可通用。如"制彼衣裳"（《诗经·豳风·东山》）作"制"，"製芰荷以为衣兮"（《楚辞·离骚》）作"製"，"多所造製"（《洛阳伽蓝记》）作"製"或"制"（不同本子）。"制"较多用于抽象意义，如"此皆因时变而制礼乐者"（《淮南子·氾论训》）；"製"较多用于具体意义，如"製革"之类。于法式、成规的意义方面，后代只用"制"，不用"製"，如"制度"、"制服"、"法制"；又如"因在制中，不便行礼"（《红楼梦》第一百十四回）。

投、掷

"投",抛向,如"投我以木瓜"(《诗经·卫风·木瓜》);"掷"也是抛向,原写作"擿",如"乃引其匕首以擿秦王"。但"投"多用于抛向意义,"掷"多用于它的引申义"抛弃",如"擿玉毁珠,小盗不起"的"擿"就是抛弃、扔掉意思。

拔、擢(zhuó)

"拔"和"擢"在提拔意义上是同义词。不过"拔"往往指提拔本来没有官职的人,"擢"往往指提升官职。有时"拔擢"连用,如"过蒙拔擢"(李密《陈情表》)。

偃、仆、跌、僵、毙

"偃"是向后倒,如"与一人俱毙(倒下),偃,且射子鉏"(《左传·定公八年》);"仆"是向前倒,如"诚恐一旦蹟仆"(《汉书·贡禹传》);"毙"是倒下,包括"偃仆";"跌"从摔倒而引申为失足跌倒,如"不知一跌,将赤吾之族也"(扬雄《解嘲》);"僵"是仆倒,如"详(佯)僵而弃酒"(《史记·苏秦列传》)。必须注意:古籍中向后倒也有叫仆,如"有碑仆道,其文漫灭,独其为文犹可识"(王安石《游褒禅山记》);又,"僵卧"(陆游诗"僵卧孤村不自哀")的"僵"是僵硬的意思(后起义)。

惊、恐、畏、惧

"惊"是马因害怕而狂奔起来,如"马惊"。"惊"的引申义之一是情绪被触动等(后起义)。这种"惊"的特点是突然的感受,它不一定表示恐惧,如"羽奏壮士惊"(陶潜《咏荆轲》)的"惊"是指由外界刺激,内心动荡,不但不是怕,而且相反(情绪更激昂)。"惊"的这个意义是"恐"、"畏"、"惧"所没有的。

"恐"和"惧"是同义的,但"恐"比"惧"语意更重一些,常表示惊慌失措,如"室如县罄,野无青草,何恃而不恐"(《左传·僖公二十六年》)。现代汉语有双音词"恐怖"。

"畏"和"惧"当然也是同义的,二者没大区别。如"不畏强御"(《诗经·大雅·烝民》),"彼见我貌,心有惧心"(《左传·哀公二年》),"畏"和"惧"都表示一般的"害怕"。后来"畏惧"连用。

羞、耻、辱

"羞"表示羞惭,丢脸,语意比耻辱轻,比如"先生不羞,乃有意为文收责于薛者乎"(《战国策·齐策》)。"耻"用作及物动词表示以此为耻;"辱"用作及物动词,表示侮辱,比如"南辱于楚,寡人耻之"(《孟子·梁惠王上》)的"耻"与"辱"是不能互换的。

憾、恨、怨

"憾"与"恨"同义,先秦一般用"憾",汉以后多用"恨"。比如:《孟子·梁惠王上》:"是使民养生丧死无憾也"。《史记·淮阴侯列传》:"大王失职入汉中,秦民无不恨者。"("恨"是引为憾事,感到遗憾。)"恨"与"怨"不同:恨"浅"而怨"深"。"怨"是"怀恨在心","仇恨"。比如《史记·淮阴侯列传》:"二人相怨"。《史记·魏其武安侯列传》:"武安于是大怨灌夫魏其。"《左传·成公三年》:"无怨无德"。如果"怨恨"连用,那就当"怀恨"讲,如"欲为子弟得官,亦怨恨光"(《汉书·霍光传》)。

骄、傲

"骄"是自满,为一种心理状态,如"主将骄敌"(李华《吊古战场文》);"傲"是轻慢,没礼貌,乃一种行为表现,如"简而无傲"(《尚书·舜典》)。现代汉语连用"骄傲"成为一个双音词,表达了从内心到外观的自以为是、放纵傲慢的意思。

恭、敬

"恭",有礼貌,着重在外貌方面,如"与人恭而有礼"(《论语·颜渊》);"敬",尊敬,尊重,着重在内心方面,如"门人不敬子路"(《论语·先进》)。"敬"的意义比"恭"的意义广泛,往往指一种内心的修养,严肃对待自己。

青、苍、碧、蓝

"青",蓝色,如"又安得青紫"(扬雄《解嘲》)。古代"青"除了少数"或青或素"(《礼记》)之类说法之外,一般不当"黑"讲;后代有些人不说"黑",常用"青"指"黑"。"苍",深蓝。"碧",青白色,即浅蓝。"青、苍、蓝"三者本有区别,但常混用:青天又叫苍天,如"高者出苍天"(扬雄《解嘲》),也叫碧空,如"孤帆远影碧空尽"(李白《黄鹤楼送孟浩然之广陵》)。青草又叫碧草,青苔又叫苍苔。"蓝"上古不用来表示颜色,只用来表示染料,这种染料染出来的颜色就是青,所以说"青出于蓝"。"蓝"表示颜色是后代的用法。

閒、闲

这里谈的是表示清闲意义的"閒、闲",比如"今国家閒暇"(《孟子·公孙丑上》),"闲过信陵饮"(李白《侠客行》)。在清闲意义上"閒"与"闲"同义,但是唐诗中却有许多闲字都应解作安闲,而不应该解作清闲,如"众鸟高飞尽,孤云独去闲"(李白《独坐敬亭山》)的"闲"就要解作安闲,解作清闲显然不恰当。

繁、蕃、烦

这三个字不仅同音,在"繁多"意义上还有其共同之处,因此"蕃盛"也可作"繁盛","蕃殖"也可作"繁殖","烦文"也可作"繁文","烦琐"也可以作"繁琐"。大致看来,"蕃"与"繁"通,"繁"与"烦"通,而"烦"与"蕃"却不大相通,"法省而不烦"(《淮南子·主术》)的"烦"就不应同"蕃"互换。

坚、固、强、刚

"坚",结实,跟"脆"相对。古代没有"硬","坚"就是"硬"。如"以盛水浆,其坚不能自举也"(《庄子·逍遥游》)。"固",坚固,特指地理险要,或城郭坚固,如"今夫颛臾,固而近于费"(《论语·季氏》)。"强",有力,强盛,跟"弱"相对,如"弱固不可以敌强"(《孟子·梁惠王上》)。"刚",坚硬,坚强,与"柔"相对,如"柔则茹之,刚则吐之"(《诗经·大雅·烝民》)。"钢"由"刚"发展而来。"坚、固、强、刚"意义相近,但又有区别:"坚"本义是土硬;"固"本义是四面闭塞,难攻易守;"强"本义是弓有力,"刚"本义是刀硬。从不同的本义,可看出它们之间的差别是很明显的。因此,"固"用于城郭险阻的时候,不是"坚"、"刚"、"强"所能代替的。"强"用于本义时,如"挽弓当挽强"(杜甫《前出塞》)的"强"也不是其他三字所能代替的。"坚"、"刚"、"强"的分别还可以从它们的反义词"脆"、"柔"、"弱"看出来。现代则有"坚强""刚强"等等。

幽、冥、暝

"幽",深暗,跟"明"相对,又跟"显"相对,如"至于幽暗昏惑"(王安石《游褒禅山记》),"宅幽而势阻"(韩愈《送李愿归盘谷序》)。在"暗"的意义上,"幽"和"冥"是同义词,如"哕哕(huìhuì)其冥"(《诗经·小雅·斯干》)。"冥"与"暝"是古今字,如"云归而岩穴暝"(欧阳修《醉翁亭记》)。但"暝"在后代用来特指天黑,又变为兼读去声。"暝色"连用,表示夜色,如"暝色入高楼"(李白《菩萨蛮》)。

勤、劳

"勤"的古代意义与后代意义有差别。"勤"古代是辛苦、疲劳意思,跟"逸"相对,如"勤而无所,必有悖心"(《左传·僖公三十二年》);后代引申为努力、奋勉,跟"惰"相对,如"勤学苦练"。

古代"勤"与"劳"同义,所以《左传·僖公三十二年》前面说"劳师以袭远",后面说"勤而无所","劳"与"勤"前后呼应。

贫、穷

在古代,特别是上古,"贫"指缺乏衣食金钱,同"富"相对,如"终窭且贫"(《诗经·邶风·北风》);"穷"指不能显贵,同"通"、"达"相对,如"穷则独善其身"(《孟子·尽心上》);"贫"与"穷"是不同含义的两个词。"穷"也表示"贫",那是后来的意义。

寡、少

"寡"和"少"同义,《论语》、《左传》在多寡的意义上说"寡"不说"少"。如"不患寡而患不均"(《论语·季氏》)。"少"的反面是"多",如"邻国之民不加少,寡人之民不加多"(《孟子·梁惠王上》),这是不难理解的。值得注意的是:"少"用作副词时相当于现代的"稍",如"少益嗜食,和于身"(《战国策·赵策》)。而上古的"稍"却是现代汉语的"渐","稍稍"即"渐渐",如"项王乃疑范增与汉有私,稍夺其权"(《史记·项羽本纪》),"汉王间往从之,稍稍收其士卒"(同上)。

危、殆

"危"和"殆"都含有"危险"的意思,如"上下交征利,而国危矣"(《孟子·梁惠王上》),"吾非至于子之门,则殆矣"(《庄子·秋水》)。但"危"应用范围比"殆"广,比如《孟子·梁惠王上》"危士臣,构怨于诸侯"的"危"是使动用法,表示使危险,使受到危险,"殆"则不能有这种用法。

伪、诈

在不诚实意义上,"伪"、"诈"相同,如"从许子之道,相率而为伪者也"(《孟子·滕文公上》),"久矣哉,由之行诈也"(《论语·子罕》)。但"诈"常被当作仁义的反面来提,如"谋诈用而仁义之路塞"(曾巩《战国策目录序》),"伪"则没有这种情况。古代没有"骗"字,凡"骗"的意义都说成"诈",不说"伪"。在表示假的意义上,先秦说"伪",不说"假",如"被以不慈之伪名"(《楚辞·哀郢》)。

二、贰、两

"二"是一般数目字。"贰"作"二"是假借用法,贰的反面是

"壹"(专一)。"两"先秦常用来指称本来成双或被认为成双的事物,如"两涘(岸)渚崖之间,不辨牛马"(《庄子·秋水》);"事两君者不容"(《荀子·劝学》)。

稍、颇、略

前面已举例说明上古的"稍"表示"渐"的意思。"颇"表示"稍微"的意思,如"臣愿颇采古礼,与秦仪杂就之"(《史记·孙叔通列传》);但并不常表示"稍微"意思,有时却表示近似"很"、"甚"的意思,如"鬑鬑(liánlián)颇有须"(《乐府·陌上桑》)。这样一来,表示"稍微"意义的通常就只有一个"略"字了,如"略知其意"(《史记·项羽本纪》)。必须注意:"略无"二字连用,表示毫无,不是"稍微没有",如"两岸连山,略无阙处"(《水经注·江水》)。

弥、愈、尤

"弥",更加,如"虽累百世,垢弥甚耳"(司马迁《报任安书》)。"愈",更,越发,如"夫愈怒,不肯谢"(《史记·魏其武安侯列传》)。可见,"弥"简单地表示"更加","愈"则表示事情进一步发展。"尤",特别,格外,如"况臣孤苦,特为尤甚"(李密《陈情表》)。"尤"跟"弥"、"愈"不同的是"尤"表示在同类事物中显得特出,不表示事物进一层发展。

甚、最、至、极

"甚"表示程度相当高,但未达到顶点,相当于现代的"很",如"动刀甚微"(《庄子·养生主》)。"最"表示达到顶点,即最高度,如"年又最高"(欧阳修《醉翁亭记》)。"至"跟"最"一样,表示达到顶点,如"今臣亡国贱俘,至微至陋"(李密《陈情表》);但上古表示最高度时一般用"至",少用"最"。"极"多用作名词、形容词,也表示最高度,如"特以为智穷罪极,不能自负,卒就死耳"(司马迁《报任安书》);"是以就极刑而无愠色"(同上)。

以上百余组词例,其词义固然未分别作全面的系统的剖析,而只就某一用法略加介绍,并对于主要差异稍作比较而已,但多少可以看到古汉语词义的复杂性,甚有待认真辨析。辨析词义除了要考虑前面提到的总原则和着眼点之外,还必须注意其他有关的若干事项。

五、词义辨析

对于词义还要结合以下情况进行辨析。

我们知道,语言是社会的交际工具,是一个历史范畴,有它的时代性。阅读古代作品,了解古代语言,无疑要注意作品的写作时代。比如孟光"举案齐眉"的"案"就像是"饭碗"之类的食具。刘禹锡《陋室铭》里"无丝竹之乱耳,无案牍之劳形"句的"案牍"却跟现代汉语中的"案卷"相当。至于《荀子·富国篇》中"我案起而治之"的"案"是语气词,再"桌案"是桌子,"案之事实"的"案"作"考察"解,更都是后起的用法,跟原先的"案"事实上已经没有什么关系了,严格地说,它们都不能看做是同一个词了。又比如《孔雀东南飞》里"媒人下床去""槌床便大怒"的"床",也不同于现在睡觉的"床",它是古代的一种坐具(临时借用做卧具,极少见)。小的只容一人坐,比板凳稍宽。年老的人或所谓尊贵的人一般就坐在床上。了解"床"字当时的含义,我们就不会怀疑古人为什么都坐在床上了。再比如《商君书·农战》里"善为国者,仓廪虽满,不偷于农"的"偷"是"苟且、忽视"意思,同今天的"偷"是两回事。

有些作品有杂用方言现象,解释词义不仅要结合写作时代,也要结合写作地域。《木兰辞》中"赏赐百千强"(同强),白居易《早春同刘郎中寄宣武令狐相公》中"梁园不到一年强"的"强",都是"多"或"余"一类意思;但是,沈涛《瓠庐诗话》引汪钝翁《西山渔夫词》"鱼价今年逐渐强,偶因换酒到山乡,箬篓个个盛鱼满,一舸银鱼论斗量"中的"强"就不是"多"这个意思,如果把"鱼价强"解释为"鱼价高涨",那么它跟末一句意思便矛盾了。它应该解释为"便宜"的意思。根据作者自注是:"吴人谓贱为强,今吴中方音犹然。"更可见"鱼价强"的"强"事实上就是今天上海话里"强来些"的"强"了。又如:在到某地的意义上,"之"、"如"、"适"没有什么分别,"之齐"、"如齐"、"适齐"可以互换,也可能是方言不同。

数千年来,各个时期各个地域的中国人往往各有不同的生活习惯,因此对于古代作品的语词也要结合当时的社会情况来理解。《荀子·劝学篇》"青取之于蓝"的"青"和《古诗十九首》中"青青河畔草"的"青"都是指"浅色的蓝",但是《礼记·礼器》中

"或青或素"的"青"却是"黑"的意思。为什么用"青"代替"黑"呢？显然是因为封建时代很多讳忌（也讳忌"黑"），所以就常用比较能迎合旧社会一般人的心理的词来代替。（直到今天，南北各地还流行着叫"黑"为"青"的习惯。）又比如《庄子》尝用"祥"指"怪异"，也可以说是为了迎合旧社会一般人的心理的。

理解古代作品的语词，还要结合当时的历史事实及当时的社会制度情况。比如《史记·西南夷传》"自上古不属为人"的"人"似乎不好理解，但联系一下历史事实，不难发现"人"应作"民"来理解，即"自上古不属为民"，因为唐人注《史记》、《汉书》、《文选》，撰晋、梁、陈、北齐、北周、隋等史，于唐庙讳，多所改易，"民"在当时便为避唐太宗李世民的"民"而改做"人"。同样的例子还有唐高祖名"渊"，"渊"遂改为"泉"或"深"；唐高宗名"治"，该用"治"的地方都用"理"；唐玄宗名"隆基"，"隆州"便改为"阆（láng）州"，"大基县"便改为"河清县"等等，不胜枚举。又比如《水浒》里《林教头风雪山神庙》一节中的"常例钱"有人作"经常照例缴纳的银钱"解，给人的印象好像那是"合法"的，这便是没有结合当时社会制度来解释。事实上它应该理解为平常被勒索走或用来贿赂的钱，是旧制度的产物。还有"天子曰崩，诸侯曰薨，大夫曰卒，士曰不禄"；臣对君、部属对长官、子对父都不能说"若"、"尔"、"汝"这些人称代词，而只能用尊称"君"、"公"等等，都是古代严格的等级观念的表现。

词语的使用和作品的表达方式也有关系。古代作品中常用对偶形式来表达。对偶形式早在《尚书》、《易经》、《诗经》中就有了,发展到后来,它成为辞赋、骈文、律诗的主要表达形式。构成对偶的词,往往是词性相同或词义相同的,根据这一规律,我们在一定程度上可以更好地去确定作品的词义。"天作孽犹可违,自作孽不可以逭"(见《礼记·缁衣》引《尚书》语)中的"违"和"逭"实际意义相同,"智不足与权变,勇不足以决断"(《史记·货殖传》)中,上一句的"与"跟下一句的"以"也是形式上避免重复而表意相同的。清代王引之著《经传释词》时,曾经根据这一规律解决古书上许多虚字疑义问题;我们今天阅读古代作品,自然也应该掌握这种规律,更好地去理解词义。

文章的作者用词造句离不开文章的中心思想,阅读古代作品结合作品的中心思想及其时代精神更将是非常必要的。比如我们在解释"保民而王"一语时,一方面要认识到孟子这一政治主张的进步意义:春秋战国时代,诸侯称霸,人民过着"乐岁终身苦,凶年不免于死亡"的生活,而孟子劝齐宣王施仁政,达到"保民而王",在客观上对当时的人民来说,自然是有利的;而另一方面,要认识到孟子是为了保护封建统治阶级利益而想出办法来缓和阶级矛盾的。不能把孟子"保民而王"的主张和我们今天的爱民思想、群众观点混为一谈。要不然,你单纯地凭个别的词语孤立起来理解,那就会出错误。有个学生把"道不行,乘桴浮于海"翻译成"路走不通,就抱着木排跳下海吧",那更是离开文章的思想内容单纯从字面上去理解了。

结合文章的中心思想,势必更要具体地结合文章的上下文。《孟子》:"为长者折枝,曰不能;非不能,是不为也。"句中的"折枝",赵岐注就是"解罢枝",而朱熹却作"折断树枝"解。朱注表面上似乎明白了当,实际上是离开上下文孤立地解释,"折断树枝"跟"长者"凑不拢来。赵注似乎一般人不易了解,但实际上却是密切联系上下文的。依照赵注来解释,"枝"(古代也可作"支")是"四肢"的"肢","罢"跟"疲劳"的"疲"同,"解罢枝"就是松动疲劳的肢体的意思,"为长者折枝"即指为长者作按摩敲背一类动作。"折枝"是古语,赵岐是汉代人。这古语当时可能还活着,到了宋代,已不见使用了,朱子不了解这一点,又孤立地单纯地从字面上来理解,就成问题了。平心而论,宋人治学常不墨守前人传注,其长处在能扫前人之障翳,其短处,则兼凭臆断致不合情理,我们阅读古代作品,参考旧注,不能不有所取舍。文天祥《指南录后序》"真州逐之城门外"句,意思是"真州边帅把我驱逐到城门外"的意思;如果不联系上下文,那么"真州"是指"真州边帅","之"是用作第一人称(指文天祥自己),就不易明确理解。

词不离句,遇到多义词,尤要结合上下文。试比较以下句子中的"可怜":

可怜体无比,阿母为汝求。(《孔雀东南飞》)——这里的"可怜"是"可爱"的意思。

可怜身上衣正单,心忧炭贱愿天寒。(《卖炭翁》)——这里用的是"可怜"的基本意义。

西北望长安,可怜无数山。(辛弃疾《书江西造口壁》)——这里的可怜是"可惜"的意思。

以上的多义词,用的地方不同,意思便不同;通过这些例子,可以看出词义的发展,也可以看出解释词语必须与上下文结合起来意义才能更好地确定下来。

至于几个不同的词,它们的意义在某一方面有相近之处的,在依据上下文的同时更要分别进行比较。比如"克"(难得曰克)、"取"(易得曰取),通过比较,词义就更明显而确定了。否则,可能理解得不深不透。

有些古代作品因为文体风格的关系,往往袭用古义,因此,我们还必须结合文体风格来理解词语的意思。比如"美人"这个词,在古代韵文中只是指心里所怀慕的对象,没有性别上的涵义。像《诗经·邶风·简兮》"彼美人兮,西方之人兮"的"美人"和《离骚》"恐美人之迟暮"的"美人"就是指心里所怀慕的人而不带性别上的涵义;可是,在散文中,"美人"却用来指"美女"了,像韩非子《六微》"魏王遗荆王美人"的"美人",《史记·秦始皇本纪》"所收诸侯美人钟鼓以充入之"的"美人",以及《三国演义》上"美人计"的"美人",便都是指"美女"。然而宋代苏东坡的《赤壁赋》中"望美人兮天一方"的"美人"却又是指心里所爱慕的贤人,因为苏文的体裁是赋,赋是"古诗之流",属于韵文范畴,是继承《诗经》、《离骚》传统的,所以也袭用了《诗经》、《离骚》的词义。

由此可见,读古代作品注意文体风格也是有必要的。

对于词语分别地进行辨析之后,最好能前后连贯起来理解。比如"一更其手"这个语言形式就一个个的词根据一般用法来分析,当然无助于对整个意思的理解,一定要连贯起来才能了解它的确切的意思:这里的"一"是"一切",不是"一二三四"的"一","更"是"经过"的意思,不是"更改"或"更是","一更其手"是一切事都要经过他的手。在这个基础上,同时再能连贯全篇作进一步的体会,这不仅对个别的词语的效用可以理解得更深更透,而且对全篇文章的思想内容也可以了解得更具体、更深刻、更全面。比如读《桃花源记》,从"落英缤纷"理解桃花源里两岸桃花鲜艳芬芳的奇丽景色;再从"豁然开朗"来理解桃花源是个幽深的、脱离人世的小天地;再从"怡然自乐"来理解桃花源中人民勤劳淳朴、和平幸福的生活;再本着"后遂无问津者"来理解桃花源只是作者因厌乱而幻想出来的境界,这样从个别到全句,从部分到整体,前后串通起来,效果必然会更好。

以上谈的是学习古代作品要特别注意对词义的理解问题,但这当然不是说对语言的其他部分就不必过问或重视。这里只是说,要攻破古代作品的"语言关",正确理解词义是相当重要的。学习古代作品能正确理解词义,还会有利于对语法规则等等的认识与掌握。(以上若干例释兼参李笠文而有所更动。)

六、过去对汉语词汇的研究

我国词汇研究最初是和哲学浑融在一起的。那时把现在所说的词叫做"名"。许多学派曾经考虑到"名","实"问题。词汇研究从哲学里分化出来成为独立的学问,大概是在公元前3世纪左右。荀况在他的《正名》里不仅指出了"所为有名,与所缘以同异,与制名之枢要",而且也提出了"名无固宜,约之以命,约定俗成谓之宜"的见解,初步意识到词的假定性和社会性。往后的两千多年中,词汇研究工作不断地在进行着。

但是就词汇学的全面研究来说,中国在过去和现在都还做得很不够。如果把有关词义的解释和词典的编纂都算在词汇学的研究范围,那么中国学者对词汇学的探索还是下了工夫的。下面就打算谈谈训诂和词典方面的问题。

(一) 训诂

"训诂"也叫"训故"、"诂训"、"故训",就是指解释古代字义(今天以词为单位来分析,"字义",也就是"词义"),主要是为了注解古书,特别是汉魏以前的古书。"训诂"两字如果分开来讲,那么用通俗的话来解释词义的叫"训",如《尔雅·释水》:"大波为澜,小波为沦。"用今语释古语或用通语(相当于现在指的普通话)释方言的叫"诂",如《尔雅·释诂》。"乔、嵩、崇,高也"。《方言·第一》:"党、晓、哲,知也。楚谓之党,或曰晓,齐宋之间谓之哲。"现存经典的注解,可以追溯到汉代。汉代享有盛名的经学家郑玄关于《诗经》、《礼记》的注解,都是很值得重视的。汉代以来,历代学者都先后有过不少成绩。陆德明的《经典释文》,孔颖达的《五经正义》,都是总结前人意见的著作。哲学家朱熹也注释了好些古书,如《诗集传》、《论语集注》、《孟子集注》、《楚辞集注》。陆德明、孔颖达以及其他唐代的学者偏重字义的解释,朱熹以及其他宋代的学者偏重内容的发挥。清代的学者在训诂方面成就最大,差不多每一种重要的经典,都做了新的注解。除了注解古书,在字义的研究上,都有许多独立的见解。其中最突出的是戴震、段玉裁、王念孙、王引之(王念孙之子)。戴震的《诗经补注》、段玉裁的《说文解字注》、王念孙的《读书杂志》和《广雅疏证》、王引之的《经义述闻》和《经传释词》在古代字义研究上都有重要的贡献。清代以前,古书的注解主要是随文解义,训诂只是为解释古书用的。清代学者对字义有精深的研究,无论自己著书,或替古书作注,都有成系统的独立的见解,这样,训诂就成为一门学问。

自然,训诂学主要是讲词义或字义的,可是就它的全部内容看,却又并不仅仅是讲关于词义或字义的问题,而是跟章句学也有密切关系。古人解经,往往在训释词义之外,另外再串通一次经文大意,汉人就把这叫做"章句"。现在所流传的,有赵岐《孟子章句》、王逸《楚辞章句》等。在这里,我们也可以这样认识:训诂的终极目的,也是为了辨明章句;而较早的章句,实际上是训诂学的另一种形式。不过其末流走向了繁琐主义,连篇累牍说明某一问题,像西汉今文学家秦恭(字延君)用了十几万字来解释"尧典"两个字(《文心雕龙·论说篇》"秦延君之注尧典十余万字"),也不是正确的治学态度。但是像毛亨的《诗经诂传》则兼备训诂和章句二者的长处,是注释家优良范例。

训诂学的内容和方法,根据前人的研究,大致包括下列几方面:

解释词义是一个重要方面,有义训、形训、音训三种:

1. 义训(用通行词训释古语词或方言词的意义):

(1) 同义互训:

同义词相互训释,如《尔雅》:"宫谓之室,室谓之宫。"《说文》:"垣、墙也;墙,垣也。"

(2) 一词多训:

《周礼·郑注》:"曲,常也,经也,法也。"

(3) 反义为训:

用反义词来解释。有些词古代有相反两义,如"乱"有"治理"、"紊乱"两义,后世只通行"紊乱"一义。而《尚书·皋陶谟》"乱而敬",《史记·夏本纪》作"治而敬",以治训乱。又如《周礼·郑注》:"臭,训为香。"

(4) 同事异训:

《公羊传》:"天子曰崩,诸侯曰薨,大夫曰卒,士曰不禄。"("崩、薨、卒、不禄"都是指"死"。)

2. 形训(用分析文字形体的方法来解释意义)：

《左传》："止戈为武。"

《穀梁传》："人言为信。"

3. 音训(即"声训",取音同音近字来解释意义)：

(1) 同音为训：

《释名》："衣,依也。"

(2) 同声为训：

《说文》："旁,溥也；祈,求也。"

(3) 同韵为训：

《礼记》："仁者,人也；义者,宜也。"

(4) 合音为训：

《尔雅》："不聿为笔。"

(5) 声韵递训：

《庄子·齐物论》："庸也者,用也；用也者,通也；通也者,得也。"

(6) 以形声字释声旁：

《周易》："咸,感也。兑者,说也。"

(7) 以声旁释形声字：

《论语》："政者,正也。"

(汉代刘熙《释名》是音训的专书,它根据词的声音线索,推求词义特点。)

除了上述的解释方法,其他如解释文意、分析句读、说明修辞手段、阐述语法特点等,也都是训诂学曾经涉及到的几个方面。

(二)字典、词典的编纂

汉族有字典,也有词典,但是很多别的民族,特别是西洋民族,没有字典只有词典。因为那些民族的语言,字就是词,词就是字,而汉族字和词不一致。一个字不一定代表一个词,如"蝌、樱、思"等等;一个词也不一定只用一个字来记录,如"殖民地""共产党"等等。但是,在另一方面,汉语的字典和词典的界限却又是很难严格划分的。比如过去的字典、辞书等等,几乎是全部用字作单位或线索编的。常用的《辞源》、《辞海》,虽然书名用"辞",可是同样是用"字"作单位编的。用"字"作单位,所以"玛瑙、蜻蜓"等等都算两个字,收到两处。要是用"词"作单位编词典,这些当然只是一个词,不能拆开放在两处。由于字典和词典的界限是难截然划分的,所以有的人有时候说字典,指的可能是词典,说词典,指的又可能是字典。不过,在理论上,字典和词典究竟还是有分别的。凡以字为单位,按照一定的规则,把全部的字编排在一起,并注明每个字的读音、意义和用法的语文工具书叫做字典。凡以词为单位,按照一定的规则,把全部的词编排在一起,并注明每个词的读音、意义和用法的语文工具书叫做词典。但我们谈的是古汉语问题,自然不妨用"字典"这个术语。

中国字典可以按体例分成四种：1.没有注解的分类字汇（是识字课本性质）；2.有注解，按意义编排的字典；3.有注解，按字的偏旁编排的字典；4.有注解，按字音编排的韵书。这四种体例代表字典发展的四个阶段。

第3、4种已分别在文字和语音部分讲到过，下面只谈前两种：

1. 没有注解的分类字汇可以追溯到公元前8世纪的《史籀篇》。现存最古的是史游（公元前1世纪）的《急就篇》，别的种种（前面文字部分提到的某些）都不存在了，只能从古书的引证和新发现的汉代木简上找到一部分。这种字汇编排的次序一部分根据字的偏旁，一部分根据意义，并且编成韵语，便于记诵。后代有不少这类的识字课本。现在看到的用"天地立黄"开头的《千字文》就是其中的一种。《千字文》周兴嗣撰于梁武帝大同年间，当时就有好几种本子。宋朝以来，这类书编撰了很多，有《续千文》、《重续千文》、《广易千文》、《叙古千文》、《训蒙千文》等好几十种。这种汇编，对识字教育来说，是起过一定的作用的。但是这些却又不是单纯的儿童识字课本，而是用作向儿童灌输封建信条的一种工具。就是单从识字课本的要求看，存在的问题也着实不少。仅仅拿周撰的《千字文》来看吧，问题之一就是充塞典故，有的简直无法理解。比如"布射僚丸"的"僚"几种注本本身的讲法也不一样，一解为"张辽"这个人，一解为"熊宜僚"，莫衷一是，初学儿童更会坠入五里雾中。问题之二就是生造词语,比如"桓公匡合"的"匡合"是"齐桓公九合诸侯,一匡天下"这个说法中的"合"与"匡"的随意凑合,不是语言的正轨;"玉出崐岗"的"崐岗",是硬把不宜随意改造的"崐崙山"中的"崐崙"缩改为"崐"、"山"换为"岗"而凑合成的,破坏了语言的纯洁与健康。除此之外,追求古奥,语无伦次现象,也是相当突出的。

2. 按意义编排的字典,最古的是《尔雅》,大概是公元前3世纪编定的。《尔雅》之于"训诂",犹如《说文》之于"文字",也很重要。(《尔雅》这部书的名称,一般的解释,说"尔"是"昵近"、"依据"的意思,"雅"是指"雅言"、"普通话"、"标准语"。古典作品里有许多古语词、方言词及其他一般不太通行的词语,要依据当时所谓"雅正之言"来解释,各词的涵义、同义词、近义词的辨析等,也要应用一般通行的话来讲解。)现存的《尔雅》是东晋郭璞的注释本,共分19篇。《尔雅》这部书是考证词义和古代名物的重要资料。不过词义的分类,并不是很科学的,而且同一个词语,前后层见叠出,比如《诗经·十月之交》里的"山冢崒崩"一句用词,《尔雅·释山》解释为"山顶冢,崒者厜㕒",说"冢"是山顶,"厜㕒"是由"崒"这个单音词引衍而成的双音联绵词,也就是"崔嵬"的"异文",可是《诗经·周南·卷耳》"陟彼崔嵬","陟彼砠矣",也用了这个词以与"砠"对言,《尔雅·释山》又解释说"石戴土谓之崔嵬,土戴石为砠"。"崔嵬"和"厜㕒"同词异形,《尔雅》在同篇里却把它分成两处而加以不同的解释。诸如此类的情况还不少。

后世经学家常用《尔雅》的释义来解说儒家经义,至唐宋时《尔雅》遂为《十三经》之一。

继承《尔雅》的词书,最著名的有三种:《方言》、《释名》、《广雅》,以《广雅》最为晚出。《广雅》是三国时期魏国张揖所撰,书名的意思是《尔雅》的扩大或补编,体例性质没有什么变革,这里不想多作赘述,下面只简介《方言》和《释名》两书。

《方言》全称《輶轩使者绝代语释别国方言》,西汉扬雄作。晋时郭璞除了作《尔雅注》外,又作《方言注》。据扬雄与刘歆来往书信,《方言》原为15卷,今本只有13卷。扬雄撰此书历27年,似尚未完成。体例仿《尔雅》,类集古今各地同义的词语,大部分注明通行范围。材料的来源有古代的典籍,有直接的调查,是中国第一部记录方言的书。它告诉我们汉代语言分布情况,为研究古代词汇的重要材料。比如《史记·陈涉世家》所说"楚人谓多为夥"的"夥",《方言》卷一就有"凡物盛多……齐宋之郊楚魏之际曰夥"的记录。又如"舟,自(函谷)关而西谓之船,自关而东或谓之舟,或谓之航";"自关而东曰逆,自关而西曰迎"等等,都是难能可贵的记述。

《方言》从《尔雅》的"同义词典"引衍而为"方言词典",不妨看作是《尔雅》的一个分支。至于刘熙的《释名》,已经成为古汉语"语源学词典"了。

《释名》共27篇,分8卷。东汉刘熙著。或说始作于刘珍,完成于刘熙。体例仿《尔雅》,而用音训,以音同、音近的字解释意义,推究事物所以命名的由来,书名便叫做《释名》。比如"尾"、"微"、"末"三字,在上古音里都读成双唇鼻音声母"m",《释名》里也正是用"微"、"末"两字的意义来解释"尾"。又如"冬"和"终"同韵,意义上"终"是末了,"冬"是一年的末了,所以用"终"解释"冬",说"冬,终也"。这种释义方法有时不免附会,但于探求语源,辨证古音古义,多少还有些参考价值。

要查考《尔雅》、《释名》、《广雅》中的词语和解释,可借助于汇集古代训诂的巨编《经籍籑诂》。此书是清代阮元主编,共106卷,按《平水韵》分部,每一韵为一卷。它将唐以前古籍正文和注解中的训诂搜集在一起,颇便检查。所收都是单字,但注释中也包括双音词,为阅读古书和研究古汉语词汇的重要参考书。

至于《辞源》、《辞海》,都是近几十年来最通行的两部工具书。这两部书解释字、词等的体例亦大致相同。它们不仅解释了单字,而且还解释了大量的多音词、成语典故、古今名物制度、古今人名地名,以及现代社会科学和自然科学方面的名词术语。对于近二百年来清代学者词义研究的成果它们也有所吸收,比如《辞海》"终"字下第四种意义"既也",《辞源》"终"字第九种意义同此,这是采用王念孙的研究成果。《辞源》、《辞海》在一个字具有几种意义的地方都用数目字标出,而且往往用作者自己的话来解释各种字义,这样就使读者更容易了解。它们比起《康熙字典》、《经籍籑诂》有更多更大的优点。

七、词语的选用

有选择地使用词语，不只是修辞学上要谈的问题，同时跟语法学甚至语音学都有关系。《论语》中有这样的记述："为命，裨谌草创之，世叔讨论之，行人子羽修饰之，东里子产润色之。"这里叙述郑国发表政令的制作过程，也就是办一件公文由起草（草创之）到思想内容的斟酌（讨论之），再到一般的修饰（修饰之）以至最后的特别加工（润色之），要经过四个手续。这里的"修饰""润色"，无疑是牵涉到选词的。到了汉代，董仲舒、司马迁、扬雄、班固、王充等人的著作中，出现了比较集中的关于修辞的资料，其中更有不少是直接谈到了选词问题。拿董仲舒的《春秋繁露》来说，它是最早的一种有关修辞理论著作，他在该书中就谈到古人确定每一个词语都很谨慎妥帖。他说："《春秋》慎辞，谨于名伦等物者也，是故小夷言'伐'，而不得言'战'，大夷言'战'不得言'获'，中国言'获'不得言'执'，各有辞也。"指出"战""伐""获""执"等词义既相近而又有差别，这显然就是选词方面的重要问题。当中还提到"重辞"（重复）、"温辞"（表达得比较温和）、"婉辞"（表达得比较婉转）、"微辞"（表达得比较含蓄、隐讳）等等，也都是涉及选词问题的。再到了梁代，刘勰的"炼字篇"（"炼字"约略和今天的"选词"相当），便就选词问题集中地加以叙述了。往后，唐代刘知几谈到行文怎样避免紧复，怎样省略，怎样含蓄(其中有些提法不大恰当)等,全都关系到选词。宋代张炎的"譬喻法"对语言生动的比喻方法更有了比较详尽的分析(其中也有些提法不尽妥当)。明清两代谈到这方面问题的也很不少。这些都说明古人对选词问题的重视。

选词的标准大致有三个:一是确切,二是简练,三是生动。每一个词本身固然无所谓确切、简练、生动,但是在词与词组织起来共同表达某个意思的时候,自然就要发生这些问题。比方说,杜甫"新松恨不高千尺,恶竹应须斩万竿"(《将赴成都草堂途中有作,先寄严郑公五首》之四)这两句诗,含义丰富而又深刻,充分体现了诗人对于以"新松"为代表的新事物的迅速成长抱着热切关注的态度,对于以"恶竹"为代表的腐朽的丑恶的旧事物抱着深恶痛绝的态度,用词算得上是确切、简练、生动的,而这种确切、简练、生动,显然是在它们彼此组织起来共同表达一个意思的时候才体现出来的,离开一定的语言环境,我们便很难判定。

确切是指用词恰如其分地反映现实说的,即通过妥善的形式正确表达内容。文言文中的选词有妥善的,也有比较成问题的,陶渊明的"采菊东篱下,悠然见南山"句中的"见"字,有的书上写成"望"字。"见"与"望"究竟哪一个较确切呢?应该说,原来"见"字确切。陶渊明在采菊之次,偶然见山,初不用意,而境与意合,用"见"字是恰如其分的。它不仅说出"无意望山,适举首而见之"的情景,而且还把陶渊明那种闲逸自得、悠然忘怀的神情勾画出来，如改用"望"字，全句使人感到陶渊明"既采菊，又望山"，意尽于此，就不会有什么余蕴了。曾子固说"诗当使人一觉语尽而意有余"，这句对写诗和鉴赏诗文的人来说，未尝不可参考。又如"树枝有鸟乱鸣时，暝色无人独归客"句的"鸣"字，一改写作"栖"字。"鸣"与"栖"究竟哪一个确切？应该说，"鸣"字确切。这句一开头有"树枝""有"这些字，人们顺下来看，表面尽管没有"栖"字，可是完全能体会出"栖"的意思。用"鸣"字既可以避免"栖"与"有"意义重复，又丰富了诗意，从而把情景写得更自然逼真。李清照的《声声慢》一开头就是"寻寻觅觅"，到底是否用得确切呢？我们知道，当时异族入侵中原，国家衰败，她丈夫早亡，自己流落他乡，对现实有所不满，内心十分空虚，无时不以家国为念，深有所思，也若有所失，"寻寻觅觅"正流露出她那种隐蔽的而又十分悲凉的心情。接着，"冷冷清清"和"凄凄惨惨戚戚"进一步表露了她的万端愁绪，后文"……雁过也，正伤心……""梧桐更兼细雨，到黄昏点点滴滴。这次第，怎一个愁字了得？"从而把闲愁闲恨表现得更加深刻入微了。这样看来，"寻寻觅觅"是恰如其分地表达了她总好像失掉什么东西似的真情实感的。同样，杜甫的《羌村三首》第一首"妻孥怪我在，惊定还拭泪"句的"怪"字，无疑也是用得很确切的，这样，离乱之后突然相见的万分惊讶、悲喜交集的情状就表现得更为突出了。与此相反，用词不确切，就不能恰如其分地表达作者所要表达的思想感情。宋代宋祁修《唐书》，删削和改动旧史文字很多，甚至把韩愈的《进学解》"招诸生立馆下"的"招"改为"召"，"障百川而东之"的"障"改为"停"，实在反比原文差远了。还有些经过他改动之后，便与原意不合了。这从表意上看是失真，甚至是不合事理；从用词上看，自然也是不确切的。旧书这么说："玄宗闻颜真卿抗贼事，喜谓左右曰：'朕不识颜真卿形状如何，所为得如此！'"《通鉴》把"形状何如"写成"作何状"，关系不大，新书改写为"何如人"，这不仅文字生硬，而且失真，"形状如何"指外表，"何如人"却着眼于品性，改得很不确切。又如"迅雷不及掩耳"本是兵家惯用语，表意确切，其结构形式趋于固定，本不宜随意拆换其组成部分，可是宋祁在《李靖传》里把"迅雷"改为"震霆"，把"掩"改为"塞"，说成"震霆不及塞耳"，这不仅失真，而且不合事理。我们知道，雷"疾"，所以"不及掩耳，"用"震"必然与"不及"失照应；又"掩"既来不及，哪里还来得及"塞"呢？很显然，这也是改得很不正确的。刘贡父有"明日扁舟沧海去，却从云里望蓬莱"句，荆公改其中的"云里"为"云气"反使文理不通，这同样也是很不确切的。

用词不确切，行文失真，不合事理，还往往是由于过分追求形式美而造成的。崔颢的《黄鹤楼》诗的头四句是："昔人已乘黄鹤去，此地空余黄鹤楼；黄鹤一去不复返，白云千载空悠悠……"传说早时有个名叫子安（一说是费文祎）的"仙人"，以橘皮画鹤，醉乘而去，楼以此得名。崔颢通过有关的神话作为背景，渲染出一种深深令人向往的环境气氛，描写了江山胜境，用笔若即若离，不黏不滞,李白曾有"眼前有景道不得,崔颢题诗在上头"之叹。崔诗的头三句连用三"黄鹤",第四句用"白云"对之,诗意明朗、畅达而确切。后人误以一二两句不成对(当然不一定要对),把第一句的"黄鹤"改为"白云",作双起双承体,这样一来,诗的板陋固不必说,崔诗本指"乘黄鹤",改后指"乘白云",已与原意不合了。

不难理解,用词是否确切,决不能单从形式上求之,应该从如何更好反映现实周密表达思想着手。用词如此,造句谋篇也如此。

用词确切,是行文最起码的要求,做到确切,还得做到简练与生动。简练与生动是在确切的前提下求得的;如果没有做到确切,就谈不上简练与生动。简练是说没有累赘和堆砌的东西,以最经济的语言表达最丰富的意思。它是由内容的高度集中所决定的。古人说"惜墨如金"(有必要时当然也可以"泼墨如云")。这是他们从写作实践中得出来的格言。刘勰在《文心雕龙》一书里曾说,从全篇文章看,"句有可削,足见其疏";从一句话看,"字不得减,乃见其密"。陆士衡在他的《文赋》里也说:"辞要达而理举,故无取乎冗长。"韩退之主张"唯陈言之务去",反对"言虽多而不要其中",我们由此足见古人为了求得文字的简练,是十分强调要删削"芜辞累句"的。欧阳修《醉翁亭记》一稿起初说"滁州四面皆山……"凡数十字,改定后,只说"环滁皆山也"数字,实言简意赅。又过去有人用"暮春三月,江南草长,杂花生树,群莺乱飞"16个字说出春景的典型场面,这也是用词极简练的实例,难怪被誉为抵一篇江南春赋。白居易《卖炭翁》里的"可怜身上衣正单,心忧炭贱愿天寒","忧"和"愿"把穷苦的卖炭老人的心情刻划得如此深刻,"衣正单"与"愿天寒"对写,把老人矛盾情状表现得如此明显而微妙,真如蒙古族的谚语所说:"一个深思熟虑的单词,胜过千百句废话。"

文言文用词简练的例子很多,但其中也有不够简练的,像"口中断食三日"的"口中"便是赘词;"每一令出,平伐其功,曰,以为'非我莫能为也'"(《史记·屈原列传》)的说法里,"以为"与"曰"重复,"以为"便可删去;"刘敬说高帝曰:'都关中'"《史记·留侯世家》句的"曰"与"说"嫌重复,"曰"也宜删去;"广自到,军士大夫一军皆哭"的"一军"与"军士大夫"更应任删其中的一个成分。

在八股文兴盛时代,文章是谈不上简练的。因为八股文的内容空虚固不必说,用词造句往往迁就于形式,其中有些甚至是叠床架屋的。我们只要从人们专为讥嘲当时的文病而写的"关门闭户掩柴扉""夫宇宙乃天地之乾坤"一类句子中,就可见一斑了。

自然,说简,得有个分寸,不能简过了头。古代的作家很注意用词的简练,这是他们写文章下苦功夫的表现;但其中也有过于求简的,他们有时专从字数上着眼,忽视了语言的纯洁性。宋祁修《唐书》,自夸文简于初,事增于旧,可是往往任意删削旧史的文字或改换旧史的文字。他把"去年正月中"省做"去正月中",把"骚动"省做"骚",说"百姓愈骚""天下方骚",还把"民不聊生"改作"人不聊",说成"禄山专进奇禽异物以惑帝心而人不聊"(《安禄山传》),这类说法,人们不仅不好理解,反而觉得不成话了。又像旧书的《肃颖士传》叙述到有人劝他的佣人离去,佣人说:"非不能去,但爱其才耳"。新书删一"去"字,说成"非不能",便晦涩不通了。这实在谈不上简练,而是"苟简"(欠缺)。就成片成篇的文字看,《史通》认为《公羊》"郤克眇,季孙行父秃,孙良夫跛;齐使跛者逆跛者,秃者逆秃者,眇者逆眇者"中的"跛者逆跛者,秃者逆秃者,眇者逆眇者"可以改为"各以其类逆"。这样文虽省而意不显,韵味索然,反较原文减色,殊不足取。又有人比较《史记》和《汉书》的繁简,认为"迁之著述,辞约而事举,叙三千年事唯五十万言;班固叙三百年事,乃八十万言,烦省不同,不如迁"(《晋书·张辅传》)。平心而论,简单地比较年代长短而忽视史料的充实与否及其择别的程度如何来谈繁简,是不能说明任何问题的。时代越向后,事务越纷繁,要反映历史发展的真实面貌,史书就要求有翔实的内容,不能只从字数上去苛求。词是语言的建筑材料,成段成篇的文字要求简明扎实,那么在用词上就不能不更加讲求简练而明确了。

东汉王充说:"文贵约而指通,言尚省而趋明",如果约而不通,省而不明,便是文章的大病。"善删者,字去而意留……字删而意阙,则缺乏而非覈(hé)",刘勰这句话意义也颇深刻。宋朝陈骙更说得明确:"文简而理固,斯得其简也;读者疑有阙焉,非简也,疏也。"这更明白地指出了简练与苟简的区别,值得三思。

用词不仅要求确切、简练,还要求生动。

生动是指用词具体、形象而有感染力说的。词用得生动,会使内容具体化、形象化,从而使人感到有声有色,亲切活泼,有生气,并在脑子里留下鲜明、深刻的印象。文言中用词生动的例子是很多的。很多传说中也有不少有关的记载。从某些传说中,我们不仅可以看出古人重视用词问题,而且可以了解到很多传说是古人研究如何驾驭文字的结晶。传说苏东坡与他的妹妹苏小妹、黄山谷论诗,小妹说"轻风细柳"和"淡月梅花"中各要加一个字作腰,该加什么字好。东坡说加"摇""映"两字,说成"轻风摇细柳,淡月映梅花";小妹认为不够好,东坡再说成"轻风舞细柳,淡月隐梅花";小妹还认为不很好,最后小妹自己改说成"轻风扶细柳,淡月失梅花",东坡与山谷两人抚掌称善。这虽然是一个传说,虽然历史上有没有苏小妹这个人还有待考证,但我们不妨拿它做个用词的例子作些分析。我们知道,"摇""映"不能算坏,但只是一般的说法。"舞""隐"固然进了一层,但是与"扶""失"比较起来,还是有减色的地方:"轻风"吹来,细柳的舞态不显(大风吹来,也可以说飞舞),而且"舞"字的音调也不太相宜;"隐"(月光是白色的,梅花也是白色的,相映之下,梅花的颜色没有平时那么显现了)也还嫌不够有力。"扶""失"就不同了,"扶"与"轻风"相应,它形象地描绘出了那种轻风徐来柳枝飘拂的柔姿,给人以一种极其丰富的美感;"失"字简切地勾画出那种月色与梅花交融的情景,从而加强诗的感染性,使人感到语尽而味有余。又如"水田飞白鹭,夏木啭黄鹂"句,本来是一般的咏景,后来经点化成"漠漠水田飞白鹭,阴阴夏木啭黄鹂",就顿觉情景如画,栩栩如生。为什么"漠漠""阴阴"这四个字加上去就会这么好呢?这无非是它们都具有形容事物的性质、状态的意味,同时又与"水田""夏木"相应,容易唤起人们一种具体、形象的联想的缘故。再如"云破月来花弄影"句,描写夜景逼真而又细致,真可称得上是优美的语言,特别是"弄"字,它不仅把明月和花紧相联系在一起,而且连微风也写到了。尽管字面上没有"风"字,可是写出"弄影",终于在暗地里使人感到有"微风"。《史记·廉颇蔺相如列传》完璧归赵部分,写到"怒发上冲冠""持其璧睨柱,欲以击柱"几句话,把相如的英雄形象及相如向秦王献璧后又取回璧并厉声斥责秦王的场面描绘出来,何等生动有力。《孟子·齐桓晋文之事章》中用"是罔民也"的"罔"来写国君像张开罗网捕捉鸟兽那样陷害人民,又是何等形象。

　　使语言生动的方法很多,特别是有效地使用比拟等手法,往往可以给文章大大增强感染力,使人受到教育,认识有所提高,绝不是为了"出奇制胜""炫弄才华"。以为话说得滑稽或者使文字花哨就生动,那是把生动性庸俗化了;以为"五色缤纷"、"桃红柳绿"、"金碧辉煌"、"花开如锦"一类"漂亮"的词语大量地塞进文章中来,就可以使人产生色彩绚烂之感,这是自欺欺人,它所装点成的七宝楼台,让人看了,只会觉得眼花缭乱,扑朔迷离,结果不知所云。其实文章生动,首先要求所选择的现实材料典型生动,要求热情充沛,然后才是语言艺术问题。王安石的"春风又绿江南岸"的"绿"字之所以用得好,最重要的是它表现了柳青色、草发芽等等景色,突显地反映了春到人间欣欣向荣的很多形象。诗人能够决定用形容词转化来的动词"绿"字(这样的动词不仅具有动词的语法意义,而且也保留着形容性质状态的意味,易唤起人们一种具体、形象的联想);就跟能够观察并抓住现实中典型生动场面分不开。陆游《示儿》诗:"死去元知万事空,但悲不见九州同。王师北定中原日,家祭无忘告乃翁。"从这首诗里,我们不难看出陆游直到临死之前,心中念念不忘的,不是个人的生死,而是祖国领土的完整;他表示了收复中原的坚定信心。诗人能够写出这样豪壮动人的诗篇,就是因为他有满腔的爱国热情。语言艺术又颇以"明白如话"为贵。正如老舍所说:"文章语言好像淡如清水一样,这才是艺术。"(《文学语言问题》)杜甫的"两个黄鹂鸣翠柳,一行白鹭上青天"句并没有什么藻饰,但读起来谁都会感到如在一幅春光明媚的画图之中。"车辚辚,马萧萧,行人弓箭各在腰。爷娘妻子走相送,尘埃不见咸阳桥。牵衣顿足拦道哭,哭声直上干云霄……"读起来谁也都好像亲历其境似的,仿佛听见车马的声音和爷娘妻子的号哭声,看见出征的人及其亲人相送的情状。古代文艺批评家称赞"明月照积雪"、"池塘生春草"为很好的诗句,江淹《别赋》中的"春草碧色,春水绿波,送君南浦,伤如之何"之类颇为后人所传诵,其原因之一,便都是它们明白如话。白居易的诗,人称老妪可解,也就是因为它明白如话。求得明白如话,得在语言修养上下功夫。"读书破万卷,下笔如有神"(杜甫)是经验之谈,不能像《涵芬楼文谈·炼字》所说的那样,以为"及其遇之也,则又全不费力,如取之怀中而付之者……"(即使有看来好像是"偶得"的,也还是有一定语言修养的必然基础。)同时还要有语言实践,以期"变化姿态,皆从熟处生"(欧阳修)。但是,归根结底,这还是跟作者有丰富的生活实感密切联系着的。柳宗元认为写文章必须"漱涤万物,牢笼百态"(《愚溪诗序》),这也说出了丰富生活的重要。因此,我们不难理解,忽视语言艺术的运用与语言修养的提高,写不好文章,说不好话,表达不好思想感情,反映不了客观实际;而忽视材料的典型生动和作者的热情,文章失去灵魂,更好比行尸走肉,尽管绞尽脑汁,着意修饰,也不会有生气。试想,在一张洁白的纸上涂满了许多光彩炫目的颜色,而除了这些色彩之外就别无他物了,这难道算是画吗?

  生动的语言同时也必须是确切、简练的语言,确切、简练、生动是密切相联系的。确切可以说是个前提。只有做到确切,才谈得到简练和生动。如果正确反映现实还谈不上,简练与生动就更无从谈起。如:"荆人欲袭宋,使人先表澭水。澭水暴益,荆人弗知,循表而夜涉,溺死者千有余人,军惊而坏都舍。问其先表之时可导也,今水已变而益多矣,荆人尚犹循表而导之,此其所以败也。"(《吕氏春秋》)这段话告诉我们河水时涨时落,不断变化，从而揭示了事物的发展规律，指出世界上的一切事物都在运动变化中，人们的思想也应该相应地变化发展，如果老是停留在一点上，人脑僵化，那就一定会碰钉子。这段话有事实，有根据，而不是空发议论，同时也言简意赅，生动有力。《水浒》第三回中描写鲁智深打郑屠，当鲁智深打了第三拳之后，郑屠就"挺在地上"了，这个"挺"字确切地表现出那打得失去知觉的状态，同时又是多么简洁凝炼，多么形象、生动。

正确地理解确切、简练、生动相结合的原则是十分必要的，过去有些人忽视了这一点，认为刘禹锡的"旧时王谢堂前燕，飞入寻常百姓家"的诗句不简练，删去"旧时"和"寻常"，改说成"王谢堂前燕，今飞百姓家"，这就成问题了。原诗的好处恰就在"旧时"和"寻常"这些字眼上，所以特别耐人寻味。硬要去掉它们，不是"点石成金"，而是"点金成石"了。杜牧《江南春》诗"千里莺啼绿映红，山村水郭酒旗风……"杨升庵以为"千里"不妥，"千"应改作"十"；认为千里之远听不见莺啼，也看不见绿映红。其实江南方广千里，千里之内，莺啼、绿映红、山村水郭的景象无处不有，杜诗之意不特专指一处，所以总而命名为《江南春》，若改"千"为"十"（十里也未必尽听得着，看得见），则必不仅与原意不符，且情味索然，语言大为减色。这种机械地看待语言的"正确性"，往往也会影响语言的生动性，殊不足取。如果一定要这样机械地看待语言的正确性，那么，李白的名句"黄河之水天上来"便使不得，非改为"黄河之水青海来"不可了。

第四章　语法

　　语法是语言的结构规则,包括"词法"和"句法"。词法包括词的构造、词的变化、词的分类等内容;句法包括词组的构成、句子的构成、句子成分和句子类型等内容。一种语言的语法具有一定的民族特点和相对的稳定性。

　　古汉语语法和现代汉语语法有相同的一面,也有不同的一面。相同的一面是主要的,不同的一面突出地表现在句子成分的位置与省略、实词的活用与虚词的用法上。下边不打算全面论述,只想先简介词类、句子成分及复句类型等一般语法现象,然后再着重谈几个比较突出的问题。

一、文言一般语法现象

(一) 词类(词的语法分类)

词的意义包括词汇意义和语法意义。从语法意义着眼,词可以分为实词和虚词两大类。实词意义比较实在,能够单独充当句子成分,包括名词、动词、形容词、数词、量词和代词;虚词意义不很实在,除少数副词外,一般不能单独充当句子的成分,只有帮助造句的作用,包括副词、介词、连词、助词和叹词。此外还有所谓兼词。现在分别举例示意如下:

1. 名词　表示人或事物的名称的词,在句中主要充当主语、宾语和定语。

专有名词(用着重号表示,下同):

(1) 河南乐羊子之妻者,不知何氏之女也。

(《后汉书·列女传》)

(2) 问今是何世,乃不知有汉,无论魏、晋。

(陶潜《桃花源记》)

(3) 公输般为楚造云梯之械,成,将以攻宋。

(《墨子·公输》)

(4) 宣德间,宫中尚促织之戏,岁征民间。

(蒲松龄《聊斋志异·促织》)

(5) 屈原放逐,著《离骚》。

(《史记·太史公自序》)

普通名词：

(1) 江上往来人，但爱鲈鱼美。

(范仲淹《江上渔者》)

(2) 十三能织素，十四学裁衣，十五弹箜篌，十六诵《诗》、《书》。

(《古诗为焦仲卿妻作》)

(3) 土地平旷，屋舍俨然，有良田、美池、桑、竹之属。

(陶潜《桃花源记》)

(4) 当其时，民治渠少烦苦，不欲也。

(褚少孙《西门豹治邺》)

(5) 牺牲玉帛，弗敢加也……

(《左传·庄公十年》)

抽象名词：

(1) 君家所寡有者，以义耳。

(《战国策·齐策》)

(2) 廉颇曰："我为赵将，有攻城野战之大功，……"

(《史记·廉颇蔺相如列传》)

(3) 孤不度德量力，欲信大义于天下；而智术浅短，遂用猖獗，至于今日。

(陈寿《隆中对》)

(4) 宋无罪而攻之，不可谓仁。

(《墨子·公输》)

2. 动词 表示人或事物的动作、行为、存在或变化的词,在句中主要充当谓语。

不及物动词(自动词或内动词):

(1) 庄子行于山中。

(《庄子·秋水》)

(2) 今虽死乎此。

(柳宗元《捕蛇者说》)

及物动词(他动词或外动词):

(1) 公输般曰:"吾义固不杀人。"

(《墨子·公输》)

(2) 吾攻赵,旦暮且下。

(《史记·信陵君列传》)

系动词(判断词)及准系动词:

(1) 襄子曰:"此必是豫让也。"

(《史记·刺客列传》)

(2) 他年我若为青帝,报与桃花一处开。

(黄巢《题菊花》)

能愿动词(助动词):

(1) 计未定,求人可使报秦者未得。

(《史记·廉颇蔺相如列传》)

(2) 孔子不能决也。

(《列子·汤问》)

(3) 楚王曰:"寡人欲相甘茂可乎?"

(《史记·甘茂列传》)

(4) 臣愿奉璧往。

(《史记·廉颇蔺相如列传》)

(5) 吏不当若是邪?

(《史记·张释之列传》)

3. 形容词　表示人或事物的形状、性质,或者动作、行为、变化的状态的词,常做谓语、状语、定语和补语。

(1) 翟虑被坚执锐,救诸侯之急。

(《墨子·鲁问》)

(2) 楚人为小门于大门之侧而延晏子。

(《晏子春秋·内篇杂下》)

(3) 所以然者何?水土异也。

(《晏子春秋·内篇杂下》)

(4) 芳草鲜美,落英缤纷。

(陶潜《桃花源记》)

4. 数词　表示数目的词,常直接同名词或动词结合。与现代汉语不尽相同。

(1) 停数日辞去。

(陶潜《桃花源记》)

(2) 同行十二年,不知木兰是女郎。

(《乐府诗集·木兰诗》)

(3) 上问车中几马?

(《史记·万石张叔列传》)

(4) 于是秦王不怿,为一击缶。

(《史记·廉颇蔺相如列传》)

5. 量词　表示事物或动作的单位,但不及现代汉语发达。

(1) 百亩之田,勿夺其时。

(《孟子·梁惠王上》)

(2) 斗酒相娱乐,聊厚不为薄。

(《文选·古诗十九首》)

(3) 唯桥姚已致马千匹,……羊万头。

(《史记·货殖列传》)

(4) 驾一叶之扁舟。

(苏轼《赤壁之战》)

(5) 著我绣衣夹裙,事事四五通。

(《古诗为焦仲卿妻作》)

6. 代词　代替名词、动词、形容词以及其他实词的词,比现代汉语复杂,并有若干特殊用法。

人称代词:

(1) 余幼好此奇服兮,年既老而不衰。

(《楚辞·九章·涉江》)

(2) 若欲何之?

(《史记·大宛列传》)

(3) 子玉请杀之。

(《左传·僖公二十三年》)

(4) 汝作司徒。

(《尚书·舜典》)

(5) 彼何为者？

(《史记·留侯世家》)

指示代词：

(1) 文王既没，文不在兹乎？

(《论语·子罕》)

(2) 由是观之，在彼不在此。

(《史记·酷吏列传》)

(3) 皆坐，子告之曰："某在斯，某在斯。"

(《论语·卫灵公》)

(4) 或谓孔子曰："子奚不为政？"

(《论语·为政》)

疑问代词：

(1) 吾谁欺？欺天乎？

(《论语·子罕》)

(2) 孰能为我使淮南，令之发兵倍楚？

(《史记·黥布列传》)

(3) 君子去仁，恶乎成名？

(《论语·里仁》)

(4) 水奚自至?

(《吕氏春秋·贵直》)

(5) 且焉置土石?

(《列子·汤问》)

7. 副词　表示动作、行为、发展变化、性质、状态的程度、范围、时间,以及表疑问、敬意等,有若干不同于现代汉语的特殊用法。

情态副词:

(1) 我心忧伤,惄(nì,忧思)焉如捣。

(《诗经·小雅·小弁》)

(2) 酷吏以法杀人,后儒以礼杀人,浸浸乎设法而论理,死矣,更无可救者。

(戴震《与某书》)

(3) 蒋氏大戚,汪然出涕。

(柳宗元《捕蛇者说》)

(4) 夫子莞尔而笑。

(《论语·阳货》)

(5) 子路率尔而对。

(《论语·先进》)

程度副词:

(1) 老臣贱息舒祺最小。

　　　　　　　　　　　(《战国策·赵策》)

(2) 其事至微浅。

　　　　　　　　　　(《史记·儒林列传》)

(3) 谢太傅绝重褚公。

　　　　　　　　　　(《世说新语·德行》)

(4) 今君与廉颇同列,廉君宣恶言,而君畏匿之,恐惧殊甚。

　　　　　　　　　(《史记·廉颇蔺相如列传》)

(5) 少年闻之,愈益慕解之行。

　　　　　　　　　　(《史记·游侠列传》)

范围副词:

(1) 齐悉复得故城。

　　　　　　　　　　(《史记·燕世家》)

(2) 群贤毕至,少长咸集。

　　　　　　　　　　(王羲之《兰亭集序》)

(3) 猥以朱家、郭解等,令与暴豪之徒同类而共笑之也。

　　　　　　　　　　(《史记·游侠列传》)

(4) 范蠡遍游天下。

　　　　　　　　　　(《汉书·李陵传》)

(5) 行者甚众,岂唯刑臣!

　　　　　　　　　(《左传·僖公二十四年》)

时间副词:

(1) 张仪既相秦。

(《史记·张仪列传》)

(2) 昔天下之网尝密矣。

(《史记·酷吏列传》)

(3) 而欲投吴巨,巨是凡人,偏在远群,行将为人所并,岂足托乎?

(《资治通鉴·汉纪》)

(4) 卓既杀琼、珌,旋亦悔之。

(《后汉书·董卓传》)

(5) 秦王方环柱走,卒惶急不知所为。

(《史记·刺客列传》)

否定副词:

(1) 稼穑匪解。

(《诗经·商颂·殷武》)

(2) 虽与之俱学,弗若之矣。

(《孟子·告子上》)

(3) 芷兰生在深林,非以无人而不芳。

(《荀子·宥坐》)

(4) 急风吹雁还家未?新雨生涛到海无?

(文天祥《龙雾洲觉海寺次李文溪壁间韵》)

(5) 常有江南船,寄书家中否?

(王维《杂诗》)

疑问副词:

(1) 欲加之罪,其无辞乎?

(《左传·僖公十年》)

(2) 岂曰无衣,与子同袍。

(《诗经·秦风·无衣》)

按:"其"、"岂"二字同音,所以相通。

(3) 居马上得之,宁可以马上治之乎?

(《史记·陆贾列传》)

(4) 沛公不先破关中,公巨能入乎?

(《汉书·高祖纪》)

按:"巨"与"讵"同义。

(5) 庸讵知吾所谓知之,非不知邪?

(《庄子·齐物论》)

按:"庸"同"岂","庸讵"二字合用义同,均作"岂、何"解。

表敬副词:

(1) 臣从其计,大王亦幸赦臣。

(《史记·廉颇蔺相如列传》)

(2) 公子乃自骄而功之,窃为公子不取也。

(《史记·信陵君列传》)

(3) 弼大怒曰:"太守忝荷重任,当选士报国;尔何人,而诈伪无状!"

(《后汉书·史弼传》)

(4) 战则请从。

(《左传·庄公十年》)

(5) 颍考叔曰:"敢曰何谓也?"

(《左传·隐公元年》)

8. 介词　用在名词、代词及某些名词性词组前并与它一起组成介词结构,表示动作、行为的方向、对象、处所、时间等。

(1) 投其璧于河。

(《左传·僖公二十四年》)

(2) 以子之矛,陷子之盾,何如?

(《韩非子·难势》)

(3) 邺吏民大惊恐,从是以后,不敢复言为河伯娶妇。

(褚少孙《西门豹治邺》)

(4) 秦之与魏,譬若人之有心腹疾。

(《史记·商君列传》)

(5) 自此,冀之南,汉之阴,无垄断焉。

(《列子·汤问》)

9. 连词　连接词、词组或分句,以示它们之间的相互关系。

联合连词:

(1) 禹拜稽首,让于稷契暨皋陶。

(《尚书·尧典》)

(2) 管仲且犹不可召,而况不为管仲者乎?

(《孟子·公孙丑下》)

(3) 请问黄帝人邪？抑非人邪？

　　　　　　　　　　　　(《大戴礼记·五帝德》)

(4) 与其害于民，宁我独死。

　　　　　　　　　　　　(《左传·宣公十三年》)

(5) 管仲贫困，常欺鲍叔，鲍叔终善遇之，不以为言，已而鲍叔事齐公子小白，管仲事公子纠。

　　　　　　　　　　　　(《史记·管晏列传》)

偏正连词：

(1) 荆轲虽游于酒人乎，然其为人沉深好书。

　　　　　　　　　　　　(《史记·刺客列传》)

(2) 于期每念之，常痛于骨髓，顾计不知所出耳。

　　　　　　　　　　　　(《史记·刺客列传》)

(3) 苟与吾地，绝齐未晚也。

　　　　　　　　　　　　(《史记·张仪列传》)

(4) 公子所以重于赵，名闻诸侯者，徒以有魏也。

　　　　　　　　　　　　(《史记·信陵君列传》)

(5) 纵我不往，子宁不来？

　　　　　　　　　　　　(《诗经·郑风·子衿》)

10. 助词　附着在词、词组或句子上表示某些附加意义，可用在语首、语中或语末。

语首助词：

(1) 惟(唯、维)十有三年春，大会于孟津。

(《尚书·泰誓上》)

(2) 相看晚岁,云胡独逝?

(陈亮《祭俞德载知县文》)

按:"云"也作语中助词或语末助词。

(3) 薄言采芑(qǐ),于彼新田。

(《诗经·小雅·采芑》)

(4) 我送舅氏,曰至渭阳。

(《诗经·秦风·渭阳》)

(5) 爰有寒泉,在浚之下。

(《诗经·邶风·凯风》)

语中助词:

(1) 予攸好德。

(《尚书·洪范》)

(2) 北风其凉,雨雪其雱(pāng)。

(《诗经·邶风·北风》)

(3) 除君之恶,惟力是视。

(《左传·僖公二十四年》)

(4) 王于兴师,修我戈矛,与子同仇。

(《诗经·秦风·无衣》)

(5) 使奕秋诲二人弈,其一人专心致志,惟弈秋之为听。

(《孟子·告子下》)

语末助词:

(1) 此无他,与民同乐也。

(《孟子·梁惠王下》)

(2) 君言太谦,君而不可,尚谁可者。

(《汉书·张汤传》)

(3) 诚如是,则霸业可成,汉室可兴矣。

(《三国志·蜀志·诸葛亮传》)

(4) 王曰:"齐无人邪?"

(《晏子春秋·内篇杂下》)

(5) 从此道至吾军,不过二十里耳。

(《史记·项羽本纪》)

助词连用:

(1) 呜呼! 亦盛矣哉!

(张溥《五人墓碑记》)

(2) 若寡人者,可以保民乎哉?

(《孟子·梁惠王上》)

(3) 孟子对曰:"王何必曰利,亦有仁义而已矣。"

(《孟子·梁惠王上》)

(4) 梁惠王曰:"寡人之于国也,尽心焉耳矣。"

(《孟子·梁惠王上》)

(5) 子曰:"女得人焉耳乎?"

(《论语·雍也》)

11. 叹词　表示感叹或呼唤应答的声音,它不跟别的词发生组合关系,只独立地用在句子前边或后边。

(1) 噫！微斯人,吾谁与归！

(范仲淹《岳阳楼记》)

(2) 嗟乎！惜哉其不讲于刺剑之术也！

(《史记·刺客列传》)

(3) 呜呼！孰知赋敛之毒有甚于是者乎？

(柳宗元《捕蛇者说》)

(4) 鸱得腐鼠,鹓(yuān)雏过之,仰而视之曰："吓！"

(《庄子·秋水》)

(5) 曾子闻之,瞿然曰："呼！"

(《礼记·檀弓上》)

按：以上"噫"或作"意"；"嗟乎"或作"嗟夫"；"呜呼"古读 aha,同"于乎""于戏"。

12. 兼词 兼有两个词的意义和作用,它往往也是这两词的合音。

(1) 布目备曰："大耳儿最叵信。"

(《后汉书·吕布传》)

按："叵"是"不可"的合音,意义和作用也相当于这两个词。

(2) 投诸渤海之尾,隐土之北。

(《列子·汤问》)

按："诸"是"之于"的合音,意义与作用也相当于这两个词。"之"是代词,"于"是介词。

（3）或问曰："劝齐伐燕，有诸？"

（王充《论衡·刺孟》）

按："诸"是"之乎"的合音，意义与作用也相当于这两个词。"之"是代词，"乎"是语气助词，通常用在句尾。

（3）去村四里有森林，阴翳(yì)蔽日，伏焉。

（徐珂《清稗类钞·冯婉贞胜英人于谢庄》）

按："焉"是"于之"或"于是"的合义，起介词"于"和代词"之"或"是"的作用。"焉"在动词后做补语，相当于"在那里"。

（4）且焉置土石？

（《列子·汤问》）

按："焉"在动词前做状语，相当于"在哪里"。

（5）子盍为我言之？

（王充《论衡·刺孟》）

按："盍"同"曷"，是"何不"的合音，意义与作用也相当于这两个词。

"兼词"是指一个词兼有两个词的意义、作用乃至读音，不同于字的"合文"。甲骨文 ▽ (五千)、▽ (十二月)，金文 ▽ (无疆)，都是"合文"字，同兼词是两回事，更不要同词法中的"兼类"和句法中的"兼语"混同。

(二) 句子成分(句子的组成成分)

一般的句子都有主语和谓语,这是世界各种语言的通例。我们从殷商的甲骨文中就可以看到这种情况,比如"王出";有时还必须有个宾语,比如"武王克商"。主语、谓语和宾语是句子基本成分。

句子中用来表示修饰和补充的成分是定语、状语和补语,比如"昔者吾舅死于虎"的"昔者"是状语,"吾"是定语,"于虎"是补语。定语、状语和补语是句子的附带成分。附带成分是与基本成分相对而说的;从表意上看,它也是很重要的。如果"昔者吾舅死于虎"一句去掉附带成分而仅仅剩下了"舅死",尽管结构并不残缺,意义也还完整,但远不及原来的具体明确。

句子除了以上六大成分,还有复指成分和独立成分等。

句子成分可以由实词充当,也可以由词组充当,下面分别举例说明。

1. 主语　谓语陈述的对象。

(1) 晋文公卒。

(《左传·僖公三十二年》)

按:名词"晋文公"充当主语。

(2) 此谁也。

(《战国策·齐策》)

按:代词"此"充当主语。

(3) 怒生于恶(wù)。

(《左传·昭公二十五年》)

按:动词"怒"充当主语。

(4) 俭,德之共也。

(《左传·庄公二十四年》)

按:形容词"俭"充当主语。

(5) 十六两为斤。

(《汉书·律历志上》)

按:数量词"十六两"充当主语。

(6) 邹与鲁哄。

(《孟子·梁惠王下》)

按:联合词组"邹与鲁"充当主语。

(7) 天之弃商久矣。

(《左传·襄公二十二年》)

按:偏正词组"天之弃商"("天弃商"由主谓词组加"之"取消独立性而成为偏正词组)充当主语。

(8) 知之为知之……

(《论语·为政》)

按:动宾词组"知之"充当主语。

2. 宾语 受动词支配的成分,表示动作涉及的人或事物。

(1) (家)有老母。

(《战国策·齐策》)

按：名词"老母"充当宾语。
(2) 吾何畏彼哉！

（《孟子·滕文公上》）

按：代词"彼"充当宾语。
(3) 先生饮一斗。

（《史记·滑稽列传》）

按：数量词"一斗"直接充当宾语。
(4) 民不畏死。

（《老子·第七十四章》）

按：动词"死"充当宾语。
(5) 居无求安。

（《论语·学而》）

按：形容词"安"充当宾语。
(6) 子不语怪、力、乱、神。

（《论语·述而》）

按：联合词组"怪、力、乱、神"充当宾语。
(7) 位在廉颇之右。

（《史记·廉颇蔺相如列传》）

按：偏正词组"廉颇之右"充当宾语。
(8) 滕文公问为国。

（《孟子·滕文公上》）

按：动宾词组"为国"充当宾语。

(9) 寡人窃闻赵王好音。

(《史记·廉颇蔺相如列传》)

按:主谓词组"赵王好音"充当宾语。

(10) 秦不予赵城。

(《史记·廉颇蔺相如列传》)

按:"赵城"是双宾语。

3. 谓语　对主语加以陈述的部分。

(1) 公子遂行。

(《史记·信陵君列传》)

按:动词"行"充当谓语。

(2) 此必是豫让也。

(《史记·刺客列传》)

按:系词(判断词)并名词充当谓语。"是"的这种用法汉以来屡见不鲜,如"汝是大家子";"萍水相逢,尽是他乡之客"等等。

(3) 两鬓苍苍十指黑。

(白居易《卖炭翁》)

按:形容词"苍苍"、"黑"分别充当"两鬓"、"十指"的谓语。

(4) 杂采三百匹。

(《古诗为焦仲卿妻作》)

按:数量词"三百匹"充当谓语。

(5) 其破秦必矣。

(《史记·刺客列传》)

按:副词"必"充当谓语。副词用法介于虚词与实词之间,此处倾向于实词用法。

(6) 赐也何如?

(《论语·公冶长》)

按:代词性质的特定结构"何如"充当谓语。

(7) 范增年七十。

(《史记·项羽本纪》)

按:主谓词组"年七十"充当谓语。

(8) 乃谢客就车。

(《史记·信陵君列传》)

按:动词"谢"、"就"充当连动式复杂谓语。

(9) 乃烹而食之。

(转引吕叔湘《文言虚字》)

按:动词"烹"、"食"用"而"连接充当连动式复杂谓语。

(10) 权即遣肃行。

(《资治通鉴·汉纪》)

按:"遣肃行"充当兼语式复杂谓语。有些句子的谓语包括更多的动词,如"肃劝权召瑜还"中的"劝权召瑜还"。

4. 定语 名词前面的修饰或限制的成分。

(1) 今日之事何如?

(《史记·项羽本纪》)

按:名词"今日"充当定语。

(2) 目若悬珠,齿若编贝。

(《汉书·东方朔传》)

按:动词"悬"、"编"充当定语。

(3) 夫大国,难测也。

(《左传·庄公十年》)

按:形容词"大"充当定语。

(4) 四牡骙骙。

(《诗经·小雅·采薇》)

按:数词"四"直接充当定语。

(5) 驾一叶之扁舟。

(苏轼《赤壁之战》)

按:数量词"一叶"充当定语。

(6) 吾与汝兄善。

(《汉书·袁盎传》)

按:代词"汝"充当定语。

(7) 药铺中人,岂能尽识草书?

(顾铭照《书方宜人共识说》)

按:偏正词组"药铺中"充当定语。

(8) 取鸡、狗、马之血来。

(《史记·平原君列传》)

按:联合词组"鸡、狗、马"充当定语。
(9) 欺大王之罪当诛。

(《史记·廉颇蔺相如列传》)

按:动宾词组"欺大王"充当定语。
(10) 农工商交易之路通。

(《史记·平准书》)

按:主谓词组"农工商交易"充当定语。定语跟中心词的关系,从意义上着眼,有的是一般的修饰限制关系,如"今日之事";有的则是领属关系,如"诸侯之师"。

5. 状语　动词、形容词前面修饰或限制的成分。
(1) 我得兄事之。

(《史记·项羽本纪》)

按:名词"兄"充当"事"("事"在这里是用作动词)的状语,表示用"兄礼"对待他。
(2) (陆贾)乃病免家居。

(《史记·郦生陆贾列传》)

按:名词"家"充当"居"的状语,表示行为的处所。
(3) 天下云集响应。

(《史记·秦始皇本纪》)

按:名词"云"充当"集"的状语,形容行为的状态,极言人多。
(4) 日与北骑相出没于长淮间。

（文天祥《指南录后序》）

按：时间名词"日"充当状语表示"每日"的意思。

(5) 良庖岁更刀，割也；族庖月更刀，折也。

（《庄子·养生主》）

按：时间名词"岁"（年）、"月"充当状语，表示"每岁"、"每月"的意思。

(6) 于是与亮情好日密。

（《三国志·蜀志·诸葛亮传》）

按：时间名词"日"充当状语，作"一天天"讲。

(7) 日君（晋君）以夫公孙段为能任其事，而赐之州田。

（《左传·昭公七年》）

按：时间名词"日"充当句首状语，作"往日"讲。

(8) 破广军，生得广。

（《汉书·李广传》）

按：动词"生"充当"得"的状语，表示活捉的意思。

(9) 三顾臣于草庐之中。

（诸葛亮《出师表》）

按：数词"三"充当状语。

(10) 割鸡焉用牛刀。

（《论语·阳货》）

按：代词"焉"充当状语。

(11) 愀然改容。

(《史记·司马相如列传》)

按:形容词"愀然"充当"改容"的状语。

(12) 弛然而卧。

(柳宗元《捕蛇者说》)

按:形容词"弛然"充当"卧"的状语(中间用"而"连接)。

(13) 岂不绰绰然有余裕哉?

(《孟子·公孙丑下》)

按:形容词"绰绰然"充当状语("然"是词尾或后缀)。

(14) 十年春,齐师伐我。

(《左传·庄公十年》)

按:偏正词组"十年春"充当状语(句首)。

(15) 能以足音辨人。

(归有光《项脊轩志》)

按:介词结构"以足音"充当状语,表示凭借。用介词结构充当的状语,它同中心词的关系,从意义上分析,是很复杂的,不仅可以表示动作行为的凭借,而且还可以表示动作行为的处所、方式、条件等等,都从略。

6. 补语 动词或形容词后面的补充说明的成分。

(1) ……会于当阳长坂。

(《资治通鉴·汉纪》)

按:介词结构"于当阳长坂"充当补语,表示行为处所。

(2) 杀人以梃与刃……

(《孟子·梁惠王上》)

按:介词结构"以梃与刃"充当补语,表示行为工具。

(3) 子贡贤于仲尼。

(《论语·子张》)

按:介词结构"于仲尼"充当形容词"贤"的补语,"于"表示比较。

(4) 兵破于陈涉,地夺于刘氏。

(《汉书·贾山列传》)

按:介词结构"于陈涉"、"于刘氏"分别充当"破""夺"的补语("于"表示被动)。

(5) 吾于书,读不过三遍,终身不忘。

(韩愈《张中丞传后序》)

按:数量词"三遍"充当补语,表示"读"的数量。

(6) 烧尽北船。

(《资治通鉴·汉纪》)

按:副词"尽"充当补语,表示"烧"的程度(兼表结果)。

(7) 君美甚。

(《战国策·齐策》)

按:副词"甚"充当形容词"美"的补语,表示程度。

(8) 左贤王数年病死。

(《汉书·匈奴传》)

按:动词"死"充当"病"的补语,表示结果。

(9) 两岸猿声啼不住,轻舟已过万重山。

(李白《下江陵》)

按:偏正词组"不住"充当补语,表示"啼"的情况。

(10) 干叶不待黄,索索飞下来。

(白居易《谕友》)

按:趋向动词"下来"充当补语,表示"飞"的趋向。

7. 复指成分　两个或两个以上的词或词组,指同一样的事物,做同一个句子成分。它可分为三种方式:重叠式、称代式、总分式。

(1) 左师触龙愿见太后。

(《战国策·赵策》)

按:"左师触龙"是重叠复指成分。

(2) 是疾也,江南之人常常有之。

(韩愈《祭十二郎文》)

按:"是疾""之"是称代复指("之"称代"是疾")。

(3) 南安、天水、安定三郡叛魏应亮。

(《三国志·蜀志·诸葛亮传》)

按:"南安、天水、安定三郡"是总分复指,即"南安、天水、安定"分说,"三郡"总说。

8. 独立成分　同别的成分不发生结构上的关系的有一定独立性的成分。

(1) 雉子,斑如此!

(《乐府诗选·雉子斑》)

按:"雉子"表呼唤,充当独立成分。

(2) 呜呼!孰知赋敛之毒甚于是蛇者乎!

(柳宗元《捕蛇者说》)

按:"呜呼"表感叹,充当独立成分。

句子各种成分已如上述。此外,有人把句子的关联词语看作句子的"辅助成分",似无必要。关联词语一般不作句子成分分析。关联词语的具体作用,得结合复句类型来认识。

(三) 复句

复句由两个或两个以上在意思上有密切联系的句子(分句)组成。文言复句和现代汉语复句,除了使用的关联词语有所不同之外,一般没有多大差别。下面根据分句间的意念关系分别介绍复句的各种类型(关联词语包括副词、连词等,都用着重号表示)。

1. 联合复句　各个分句的地位平等,不分主次。

并列句

(1) 若为我楚舞,我为若楚歌。

(《史记·留侯世家》)

按:两个分句叙述并行的两件事。有人又把这叫做"雁行句"。

(2) 沛公至军,立诛曹无伤。

（《史记·项羽本纪》）

按:两个分句叙述连续发生的两件事。有人又把这叫做"鱼贯句"（或叫"连贯句"、"承接句"）。

(3) 当是时,臣唯独知韩信,非知陛下也。

（《史记·淮阴侯列传》）

按:两个分句同时表肯定一面和否定一面。有人又把这叫做"对立句"。

选择句

(1) 敢问天道乎,抑人故也?

（《国语·晋语》）

(2) 子以秦为救韩乎,其不乎?

（《战国策·韩策》）

(3) 足下欲助秦攻诸侯乎,且欲率诸侯攻秦乎?

（《史记·郦生陆贾列传》）

按:以上表示选择未定——尽管说话的人心里已有定见——以提示别人选择。

(4) 宁信度,无自信也。

（《韩非子·外储说左上》）

(5) 与人刃我,宁自刃。

（《史记·鲁仲连邹阳列传》）

(6) 与其有誉于前,孰若无毁于其后?

(韩愈《送李愿归盘谷序》)

按:以上表示通过比较,选择已定,有所取舍。有的先取后舍,有的先舍后取。正因为有所取舍,有人另把它叫做"取舍句。"

递进句

(1) 公语之故,且告之悔。

(《左传·隐公元年》)

(2) 非但我言卿不可,李阳亦谓卿不可。

(《世说新语·规箴》)

(3) 臣以为布衣之交尚不相欺,况大国乎?

(《史记·廉颇蔺相如列传》)

按:例(1)只在后一分句用"且",是一般表进层。例(2)先在前一分句用"非但",再在后一分句用副词"亦"照应,以示先"退"而后"进",并突出"进"。例(3)也是先退而后进,并用反诘问句以强化语气(后一分句省说谓语,其意不言自明)。这种用"尚(且)……(何)况"的复句有人把它叫做"逼进句"。

总分句

(1) 与父老约法三章耳:杀人者死,伤人及盗抵罪。

(《史记·高祖本纪》)

(2) 老而无妻曰鳏,老而无夫曰寡,老而无子曰独,幼而无父曰孤:此四者,天下之穷民而无告者。

(《孟子·梁惠王下》)

按:总分复句和总分复指不同。总分复指是单句而不是复句。如说成"鳏、寡、孤、独四者,此天下之穷民而无告者",这里的"鳏、寡、孤、独四者"便只能是单句中的总分复指成分。

2. 偏正复句　各个分句的地位不平等,有主次之分。

因果句

(1) 因前使绝国功,封骞博望侯。

(《史记·卫将军骠骑列传》)

(2) 诸侯以公子贤多客,不敢加兵谋魏者十余年。

(《史记·魏公子列传》)

(3) 英雄无用武之地,故刘豫州遁逃至此。

(《资治通鉴·汉纪》)

(4) 汉败楚,楚以故不能过荥阳而西。

(《史记·项羽本纪》)

按:各例分句都有原因和结果的关系:先叙原因,后叙结果。这种现象最为多见。

(5) 公子所以重于赵,名闻诸侯者,徒以有魏也。

(《史记·信陵君列传》)

按:此例分句间也有原因和结果的关系,它与前数例不同的只是先叙结果后叙原因。

(6) 今既遇矣,不如战也。

(《左传·成公二年》)

按:此例分句间的关系是根据和结果的关系,即前者是推论的根据,后者据以推断结果。

假设句

(1) 必以长安君为质,兵乃出。

(《战国策·赵策》)

(2) 人无远虑,必有近忧。

(《论语·卫灵公》)

(3) 苟如君言,刘豫州何不遂事之乎?

(《资治通鉴·汉纪》)

按:这类复句的偏句提出假设条件。条件性强的,如例(1),有人便把它看做"条件句";假设性强的,如例(2)(3),有人便把它们看做假设句。为了便于处理,有人却干脆叫它假设条件句。本书不分,统称假设复句。

(4) 事无大小,悉以咨之。

(诸葛亮《出师表》)

按:这一复句的偏句排除一切假设条件,正句不以任何假设条件为转移。

(5) 纵江东父老怜而王我,我何面目见之?

《史记·项羽本纪》

按:这一复句的偏句提出一种假设条件而又把它撇开,

使正句的语意更显得突出。有人把这理解为假设并让步的关系时,就称它是让步句。本书让步句并入转折句,不另列一类。

转折句

(1) 秦无亡矢遗镞之费,然而天下诸侯已困矣。

(《汉书·贾谊传》)

(2) 彼非不爱其弟,顾有所不能忍也。

(《史记·越世家》)

(3) 楚虽有富大之名,而实空虚。 (《史记·张仪传》)

按:例(1)的正句用"然而"表重转,例(2)的正句用"顾"表轻转,例(3)偏句先用"虽"表让步,正句继用"而"表重转。先让后转的复句,有人索性叫它"让转句"。

目的句

(1) (沛公)还军霸上,以待大王来。

(《史记·项羽本纪》)

(2) 君姑修政而亲兄弟之国,庶免于难。

(《左传·桓公六年》)

按:例(1)偏句"以待大王来"是表示积极目的,即希望达到什么,正句"还军霸上"是要达到目的的措施;例(2)偏句"庶免于难"表示消极目的,即希望防止什么,正句"修政而亲兄弟之国"是实现目的措施。我们不要误认为表目的是正句。

以上列出的复句类型,当然不是全面的,还有一些并没有列出。比如"古人欲知稼穑之艰难,斯盖贵谷务本之道也"(颜之推《颜氏家训·涉务篇》)是"补充句";"凡此琐琐,虽为陈迹,然我一日未死则一日不能忘"(袁枚《祭妹文》)中的"我一日未死则一日不能忘"是"连锁句",就都未作介绍。

3. 多重复句　包括三个或三个以上的分句,同时又有两个或两个以上层次关系的。

　　　　　　假设句
(1) 多行不义,必自毙,子姑待之。
　　　　　　　因果句

(《左传·隐公元年》)

　　　　　　并列句
(2) 吾视其辙乱,望其旗靡,故逐之。
　　　　　　　　因果句

(《左传·庄公十年》)

　　　　　转折句　　　　　　　转折句
(3) 楚虽有富大之名,而实空虚;其卒虽多,然而轻走易北。
　　　　　　　　　　并列句

(《史记·张仪列传》)

4. 紧缩句　两个分句的谓语紧连在一起,中间没有语音停顿,在书面上不用标点隔开,形式上像一个单句(用类似单句的形式表达复句的内容)。

(1) 危而不持，颠而不扶，则将焉用彼相矣？

　　　假设句（多重）

　　转折句紧缩　转折句紧缩

　　　　并列句

(《论语·季氏》)

(2) 宁缺毋滥。（成语）

　　选择句紧缩

5. 关联词语问题

文言复句类型与现代汉语复句类型大致相当，文言复句关联词语与现代汉语复句关联词语的差别则较大，兹略举数例，以见一斑。

且——"且"可以表示并列关系，也可以表示递进关系（包括逼进关系），还可以表示选择关系。比如"既盲，且聋"的"且"相同于"又"，表示并列关系；"公语之故，且告之悔"的"且"相等于"而且"，表示递进关系；"臣死且不避，卮酒安足辞"的"且"就是"尚且"，表示逼进关系；"天下尊秦乎，且尊齐乎"的"且"相当于"还是"，表示选择关系。

因——单用的"因"字，虽然也可以当做"因之"、"因此"来理解，可是力量比较弱，不太强调因果关系。比如"良业为取履，因长跪履之"的"因"改说"遂"字也未尝不可。还有些用"因"的复句，竟说不上有因果关系，比如"故尝喜从曼卿游,因以阴求天下奇士"的情况就是这样。

所以——文言的"所以"和现代汉语的"所以"并不相当。比如"彼兵者,所以禁暴除害也,非争夺也"句的"所以"当"用(拿)来……的东西(方法、道理)"讲,不属关联词语。

否则——这两个字连用而分属:"否"代表假设一个条件分句(倘若不如此),"则"接上结果分句,比如"凡殖货财,贵其能施赈也;否则守财虏耳"句的"否则"就是这种用法。

然则——它的构成和"否则"相同,"然"字自为一句(倘若如此),"则"字引出下文,比如"子燦遇大铁椎为壬寅岁,当年三十,然则大铁椎今四十耳"句的"然则"就是这种用法。

"然则"的构造虽和"否则"相同,但因"否"字建立的是与上述事情相反的条件,所以"否则"的条件性很显著,而"然"字建立的条件是肯定的,往往和已经确定的事实相符,所以"然则"的条件性不那么显著。

虽(然)——古汉语表示让步单用"虽"。有时也用"虽然",但"然"字有实在的意义,不像现代汉语里的"然"这么虚灵。古汉语"虽然"承接上文,自成一顿,等于现代汉语"虽说如此"。比如:"及楚,楚子饗之。曰:'公子若反晋国,则何以报不穀?'对曰:'子女玉帛,则君有之……'曰:'虽然,何以报我?'"这里的"虽然"显然就是"虽说如此"的意思。

文言"虽"还常借用为"纵"字,相当于白话的"即使",不相当于"虽然",比如"国一日被攻,虽欲事秦,不可得也"句的"虽"就是这样。

但——古汉语的"但"和现代汉语的"但是"用法不同,现代汉语的"但是"表示重转,跟"然而"差不多;古代汉语的"但"不表示重转,跟"然而"不一样,只相当于"只、仅",比如"公幹有逸气,但未遒耳"句的"但"就是这样。

孰若——这个用语不是什么"谁如果"的意思,而是"那如"的意思,表示比较两事的得失,常与"与其"连用,作用和"孰与"相同。比如"求人孰若求己","与其求人,孰若求己"之类就是这样。

抑——可以表示选择关系,也可以表示转折关系。比如"敢问天道乎,抑人谋也"(相当于"还是",表选择关系);"若圣与仁,则吾岂敢,抑为之不厌,诲人不倦,则可谓云尔已矣(相当于"但是",表转折关系)。

以上仅是示例而已。此外,像"矧"(音 shěn,表递进)、"妄其"

(表选择)、"是以"(表因果)、"苟"(表假设)、"顾"(表轻转)、"庶"(表目的)等等,也是现代汉语所不用的关联词语,必须注意掌握。

同时还得注意,有些人对于文言关联词语掌握得不够好,却常去使用它,笔下就难免出错,这是应该引起重视的。别的暂且不说,仅拿文言最常用并为现代人所熟悉的"而"来说吧,相反的两个意思可以用它来连接("知其不可为而为之"),相近的两个意思也可以用它来连接("语其浅而近者如此"),平等的两个成分可以用它来连接(价廉而物美"),一个附加成分和一个被附加成分也可以用它来连接("侃侃而谈")。由于现代汉语里确实缺少一个跟它相当的连接词,所以有时候非常需要用它。但是要防止滥用,应力求用得正确无误。我们衡量现代文章里的"而"字,一方面要看,假如这句采用文言说法,这里能不能用"而";另一方面要看,按现代的习惯,这里需要不需要连接。我们决不能"当用'而'时不用'而',不当用'而'时乱用'而'"。

二、实词活用

一个词经常具备两类或两类以上的词的语法特点,这是词的兼类。比如"命"具有动词和名词的语法特点,就是兼类的词:"命子封帅车二百乘以伐京"(《左传·隐公元年》)里的"命"属动词;"弃君之命"(《左传·宣公二年》)的"命"属名词。

词的活用不是词的兼类。活用是指原属甲类的词,在特定条件下按照一定的语言习惯而灵活用作乙类词，临时具备了乙类词的语法特点。比如"晋军函陵，秦军汜南"(《左传·僖公三十年》)的两个"军"原属名词，表示"军队"的意思，而在本句中却活用为动词，作"驻军"解释了。又比如"渔人甚异之"(陶潜《桃花源记》)的"异"原是形容词，而在本句中却已带上宾语"之"，活用为动词了。判断一个词是不是由甲类词活用作乙类词，除了根据它在具体的上下文中所表达的意义外，主要看它是不是临时具备了乙类词的语法特点。

　　词的活用主要表现在实词里。实词活用以先秦为最盛；开始多半是随意的，后来人们常模仿古人的用法。古汉语实词活用范围比较大，现代汉语实词活用范围则比较小，这主要是因为现代汉语词语比古代丰富，要表示哪个意义就可以使用哪类的词，不必像古代那样引申或假借，不必随意活用。这是语言发展的自身因素决定的。与此同时，实词活用往往出于修辞上的需要。比如"冠"是用来戴的，就引申作"戴"用，说成"许子冠乎？"(《孟子·滕文公上》)这"冠"活用作动词当然只是一般的语法现象。可是李白的"春风又绿瀛州草"的"绿"字，丘为的"春风何时至，已绿湖上山"里的"绿"字，以及后来为王安石所袭用或套用的"春风又绿江南岸"的"绿"字，就都是出于修辞上的需要，而且都用得好。这三个"绿"字所以用得好，从语言角度说，是因为形容词活用成了动词。它的特点是：不仅具有动词的语法意义，而且也保留着形容性质状态的意味，在把"春风"和"草、山、岸"联系在一起的时候,就易唤起人们具体、形象及色彩鲜明的联想。正因为有这样的特点,宋代李清照的"草绿阶前"句尝为清代词人大加赞赏;直到现在,人们还常说"春风又绿淮河岸"(《解放日报》标题)、"春绿江南"之类。下面就分别举些古汉语实词活用的例子。

(一)名词活用为动词

(1) 沛公军霸上。

(《史记·项羽本纪》)

(2) 岂吾相不当侯邪?且固命也?

(《史记·李将军列传》)

(3) 假舟楫者,非能水也,而绝江河。

(《荀子·劝学》)

(4) 诸郡县苦秦吏者,皆刑其长吏,杀之以应陈涉。

(《史记·陈涉世家》)

(5) 秦师遂东。

(《左传·僖公三十二年》)

(6) 范增数目项王。

(《史记·项羽本纪》)

(7) 乃丹书帛曰"陈胜王",置人所罾(zēng,方形网)鱼腹中。

(《史记·陈涉世家》)

(8) 楚以故不能过荥阳而西。

(《史记·项羽本纪》)

(二) 数词、代词活用为动词

(1) 楚人恶君之二三其德也。

(《左传·成公十三年》)

(2) 六王毕,四海一。

(杜牧《阿房宫赋》)

(3) 夫金鼓旌旗者,所以一人之耳目也。

(《孙子·军争》)

(4) 见公卿不为礼,无贵贱,皆汝之。

(《隋书·杨伯丑传》)

(三) 形容词活用为动词

(1) 衣以温肤,食以充腹。

(《论衡·道虚》)

(2) 高其闬闳(hàn hóng),厚其墙垣。

(《左传·襄公三十一年》)

(3) 楚左尹项伯者,项羽季父也,素善留侯张良。

(《史记·项羽本纪》)

(四) 名词、动词、形容词用作"使动词"(对宾语含有"使它怎么样"的意思)

(1) 子墨衰绖(dié)。

(《左传·僖公三十二年》)

(2) 秦违蹇叔,而以贪勤民,天奉我也。

(《左传·僖公三十二年》)

(3) 故远人不服,则修文德以来之。

(《孟子·季氏》)

(4) 公若曰:尔欲吴王我乎?

(《左传·宣公十年》)

(5) 天子不得而臣也。

(刘向《新序》)

(6) 秦军围大梁,破魏华阳下军,走芒卯。

(《史记·魏公子列传》)

(7) 其意盖将死我于囊而独窃其利也。

(马中锡《中山狼传》)

(8) 今媪尊长安君之位,而封之以膏腴之地。

(《战国策·赵策》)

(五) 名词、形容词用作"意动词"(对宾语含有"认为"或"以……为……"的意思)

(1) 今公子乃自骄而功之,窃为公子不取也。

(《史记·魏公子列传》)

(2) 于是乘其车,揭其剑,过其友曰:"孟尝君客我。"

(《战国策·齐策》)

（3）孔子登东山而小鲁，登泰山而小天下。

（《孟子·尽心上》）

（4）李生闻而善。

（李贽《赞刘谐》）

（5）世之所高，莫若黄帝。

（《庄子·盗跖》）

此外，名词修饰动词，如"天下云集而响应"的"云"；动词修饰动词，如"杀其一人，生得一人"的"生"，要是从宽而论，也不妨看作是实词的活用。

对于词的活用，要结合一定的语言环境来确定。比如名词活用为动词，它或者是前边受助动词、副词修饰，或者后边带上宾语（有时省略）、补语，或者带上助词"所"，或者用"而"跟另一个动词连接起来，都有一定的结构关系。其他词类的活用，同样要根据一定的语言环境加以确定。

至于古汉语的使动用法、意动用法同一般动宾关系形式上差不多，都是"动＋宾"，这就更要着重领会上下文的语意更好加以鉴别。比如：

（1）是狼为虞人所窘，求救于我。我实生之。今日欲反咥我，力求不免。我又当死之。

（马中锡《中山狼传》）

"生之"和"死之"格式一样，都是"动＋宾"，但"生之"是"使它活了"即"救活了它"的意思，"死之"是"死在它手里"即"被它吃掉"

的意思。这就必须从上下文意来辨别:前面说狼"求救于我","生之"自然是"我使它生"的意思,"生"是使动用法;后面说狼"咥我"而"力求不免","死之"自然是"死在狼之口"或"被狼吃掉"的意思,"死"不是使动用法。

同样,某词的使动用法与意动用法,形式上也是差不多的,也得认真领会上下文语意加以区别。例如:

(2)时充国年七十余,上老之。

(《后汉书·赵充国传》)

(3)石闻坚在寿阳,甚惧,欲不战以老秦师。

(《资治通鉴·晋纪》)

例(2)"老之"和例(3)"老秦师"都是"动+宾"(前者是代词做宾语,后者是名词作宾语)。但其意义关系不同:"老之"是"以之为老",即"认为他老"的意思,是形容词用作意动词;"老秦师"是"使秦军疲惫"的意思,是形容词的使动用法。

三、常用虚词(虚字)

读古代文章,常遇到语言文字障碍。要克服这障碍,往往得查阅文后的注解或者翻检有关的工具书。文后的注解或有关的工具书确可以帮助我们解决不少词语解释等问题;而它们在虚字用法的说明方面却又嫌未能具体解决问题。这恐怕就是阮元所说的"实字易训,虚词难释"(见《经传释词》阮元序)的缘故吧。

诚然,文言虚字的用法经历过许多变化,现代人要理解它,确不是一件简单的事。

虚字虽然比实字少得多,而其重要性却远在实字之上。虚字的重要性首先表现在它用得很频繁,单拿"之"字来说,它在字数不多的《诗经》里就用上了一千多回;其功用且也不止一种。其次虚字的重要性还表现在它的作用不以它本身为限;用错一个实词可能影响还小,用错一个虚字就往往影响很大。《文心雕龙·章句》中说:"巧者回运,弥缝文体,将令数句之外,得一字之助矣"。的确,虚词运用得好,往往使文章各部分之间的关系表达得更清晰自然,文气贯通畅达。反之,效果则截然相反,正如《助字辨略》的作者刘淇所说,"一字之失,一句为之蹉跎;一句之误,通篇为之梗塞"。可见,有人说虚字在语言中,尤其在汉语中"更能表现血脉关键的作用",实不无根据。

怎样才能正确掌握文言虚字呢?无疑先得从确切了解其语法意义着手。比如现代汉语说"廉颇是赵国杰出的将领",古汉语要说成"廉颇,赵之良将也"或"廉颇者,赵之良将也"之类。这里面的"也"和"者"就表示了一定的语法意义,有待捉摸:上古汉语判断句不用"是",谓语后头的"也"就起了帮助判断的作用,若主语后头加"者"以示停顿并与"也"照应,则"也"的判断语气随之更为明显。

捉摸虚字语法意义必须有比较,以进一步明确各个虚字的异同。比如"也""矣"都同是语气助词,而两者在语言中的作用并不尽同,"将军出战也"的"也"只表示确认事实,加强肯定语气(与上述的"也"的用法也不尽同),"将军出战矣"的"矣"却意味着事态的发展变化,报道一种新情况。又比如"矣""耳"这两个语气助词的作用也很有不同,"五十余矣,轻健若少年"句用"矣"表示对"五十余"看得重,"五十余耳,而已衰"句用"耳"表示对"五十余"看得轻。通过这样的比较,自然会理解得更深刻更全面。

对于文言虚字,比较其彼此的不同语法意义的同时,还得比较它在语言结构中的古今不同位置。有些文言虚字用法和现代汉语某些虚字用法有相当的,而他们在语言结构中所处的位置并不相同。文言可以说"动之以情",现代汉语却不说"打动他(之)用(以)感情",而说"用(以)感情打动他(之)"。

各个虚字语法意义的比较也好,古今虚字在语言中的结构位置的比较也好,都是为了确切理解它们在语言中的种种用法。而虚字用法非常纷繁复杂,初学的人不能芝麻西瓜一把抓,必须先掌握它们的基本用法,然后逐步细心收拾。比如"而"字,它可以用来连接("始吾于人也,听其言而信其行","小子鸣鼓而攻之可也");也可以用来称代("若归,试从容问而父"——"而"相当于"你的");还可以用来表示行为的过程("由小而大""由远而近"——相当于"到"),甚至可以跟别的成分结合成为特定的形式,说成"已而""既而""俄而""久而""始而""而后""而已"等等,可是它的基本用法是连接。学习"而"字,无疑得先抓住它这种用得最普遍的连接的用法。

抓住虚字的基本用法的同时，还得关心它在不同时代、不同地域的使用情况。举例来说，上古汉语里，"也"的使用范围较大，中古以后，"也"字在许多场合使用范围逐渐缩小了，这是因为当时口语里已常用"是"字，"豫章太守顾邵是雍之子"（《世说新语·雅量》）就代替了"伯夷叔齐，孤竹君之二子也"（《史记·伯夷列传》）那样的说法；"是"的引申用法更进一步缩小了"也"的使用领域，"故当是妙处不传"（《世说新语·文学》）就代替了"妙处不传也"一类的说法。再就地域使用情况举例来说，"于""於"今天用法全相同，而在古代它们不仅有大致的分工（介绍处所一般用"于"，被动句与比较句只用"於"），而且有时跟作品的著者与编者的方言有关，像《书经》一般写作"於"，《诗经》一般写作"于"（上古"於""于"不同音）。"邪"（耶）和"与"（欤）同义，而《论语》《孟子》没有用"邪"，只用"与"，《左传》只用一个"邪"，《老子》《庄子》又大量出现"邪"。表示"假使"意义时，《左传》全用"若"，《论语》、《孟子》（鲁语）全用"如"；作"像"解释时，《左传》全用"如"，《论语》、《孟子》则"如""若"并用。这其中的重要原因之一恐怕也就是方言关系吧。

不仅不同时代、不同地域的使用情况要关心，不同文体以及文章作者所采用的表达手法也都得注意到。在诗歌中，一般以省略虚字为常。最古的诗歌如《诗经》、《离骚》以及古体诗，有许多虚字是不省略的，这跟韵律要求不严格有关；近体诗韵律要求严格，虚字的省略情况就非常明显了。因此，了解文言虚字的种种用法不妨更多从散文中着眼。

学习虚字除了以上种种，尚得借鉴前人的研究成果。前人早已探索过文言虚字的许多问题，唐代的柳宗元就曾写过专文讨论"助"字，谈到孟子善用助字，说"予读《百里奚》一章，其所用助字，开阖变化，令人之意飞动"（《复杜温夫书》）；清代的学者在这方面做了更多努力，出现了刘淇的《助字辨略》、王引之的《经传释词》、俞樾的《古书疑义举例》等等，对文言虚字的研究获得了更大的成果。王引之认为许多对句上下文位置相同的虚字往往语法意义一致，指出类似"智不足与权变，勇不足以决断"（《史记·货殖列传》）句子的上一分句用"与"，下一分句用"以"，只是形式上避免重复，其作用无异，这就是个很大的发现。重视这个发现，"轲自知事不就，倚柱而笑，箕踞以骂""舟摇摇以轻飏，风飘飘而吹衣"等等的"以""而"的用就可以类推了。

总之，文言虚字是个比较复杂的问题，以上仅就某些想法着重加以说明。要具体了解每一虚字的各种用法，前面已经提到的刘淇的《助字辨略》、王引之的《经传释词》、俞樾的《古书疑义举例》、吴昌莹的《经词衍释》以及杨树达的《词诠》、裴学海的《古书虚字集释》、吕叔湘的《文言虚字》等等都可参阅。不过这些书对单音虚字研究得比较多，对复音虚字却研究得比较少，这将是有待百尺竿头更进一步的事情。

学习文言虚字的重要目的之一是为了更好阅读古代作品，

接受古代文化遗产。而这只是事情的一方面；另一方面，也是为了联系现代汉语更好使用与现代汉语密切相关的那些字、词。如古代特有的今天找不出相当的来代替它，并且今天又需要沿用它的某些虚字（"所得""所在""所说""所做"的"所"、"以前""以后"的"以"、"之上""之下""三分之一"的"之"、"及其""莫名其妙"的"其"等等），就需要多加重视，更正确地继续使用它们，发挥它们的应有作用。而对于那些古今形式相同相似而语法作用不同的字、词，尤其要特别加以重视。拿"然而"来说，它在现代汉语里没有"然"和"而"的分别，和"但是""可是"也无多大差别，顶多在语气上有轻重的不同；可是在古代"然而"的用法却不一样："然"字一顿（取势），"而"字一转，"然而"就等于"不错，可是"，正如《马氏文通》作者马建忠所说的"将飞者翼伏，将跃者足缩，将转者先诺"之意。

为了便于进一步了解文言虚字的具体用法，下面再举例分析说明。

（一）"之"字用法例释

1. 称代指示用的"之"字（通用于人、物、事三者）

（1）用做宾语。例如：

① 窈窕淑女，寤寐求之。（《诗经·周南·关雎》）

② 参差荇菜，左右流之。（《诗经·周南·关雎》）

③ 魏王及公子患之。（《史记·信陵君列传》）

④ 与之言,操楚音。

⑤ 虽然管晏,不能为之谋也。(《史记·荆轲传》)

⑥ 是二说者,其信有是非乎?抑所指各殊而学者不之能察也?(韩愈《进士策问》)

例①②③的"之"都用做动词的宾语;例④⑤的"之"都用做介词的宾语;例⑥的"之"用做前置的动词宾语(放在动词前)。例⑥的"之"如果不是前置,那就是"……不能察之"。

(2) 用做上面动词的宾语,同时又用做下面动词的主语(兼语)。例如:

⑦ 助之求学。(吕叔湘《文言虚字》)

⑧ 伴之返里。(同上)

例⑦的"之"做"助"字的宾语,又做"求"字的主语;例⑧的"之"做"伴"的宾语,又做"返"的主语。

(3) 用做附加语。例如:

⑨ 吴之无道也愈甚,请与王子往奔之国。(《吕氏春秋·忠廉》)

⑩ 之二虫又何知!(《庄子·逍遥游》)

⑪ 桓公闻之,抚其仆之手,曰:异哉!之歌者非常人也。(《吕氏春秋·举难》)

⑫ 之后,一无信息。

例⑨的"之"字相当于白话的"他的",文言的"其"字;例⑩⑪⑫相当于白话的"这"字,文言的"此"字,它的重要作用是指示。

以上几种用法，以直接用做宾语的最为普遍，而且在称代人的时候，一般都用于第三人称，如例①。用于第三人称的"之"与"彼"相差不远，所不同的只是"彼"可以用做主语，"之"不能用做主语，"彼"的指示性强，"之"的指示性弱。譬如"吾何畏彼哉"一句，如果易"彼"为"之"，就会觉得比原句减色不少。

在称代人的时候，"之"字还可以用于第二人称，甚至第一人称。例如：

⑬ 今先生俨然不远千里而庭教之。(《战国策·秦策》)

⑭ 尔，吾亲也，而吾仇之；彼，吾仇也，而吾亲之，吾何妄悖一至于此！(刘复《中国文法讲话》)

为了文字的精炼，做宾语的"之"有时可以省略。

例如：

⑮ 客从外来，与□坐谈……(《战国策·齐策》)

⑯ 不敢与□较。(蒲松龄《聊斋志异·促织》)

⑰ 君闻□而贤之。(《韩非子·说难》)

2. 连接用的"之"字

连接用的"之"字都是用在词组或句子的中间。"之"字前后的成分有的是领属关系的，有的是修饰与被修饰关系的，也有的本来是主谓关系，而加了"之"以后，失了句子的独立性的。

(1) 用在领属关系中间。例如：

⑱ 关关雎鸠，在河之洲。(《诗经·周南·关雎》)

⑲ 寡人之过。(《战国策·齐策》)

⑳ 子路曰:愿闻子之志。(《论语·公冶长》)

例⑱⑲⑳的"之"字后面的成分对于前面的成分是隶属关系。

(2) 用在修饰与被修饰关系中间。例如:

㉑ 升斗之禄。(吕叔湘《文言虚字》)

㉒ 荒唐之言。(同上)

㉓ 今公子有急,此乃臣效命之秋也。(《史记·信陵君列传》)

㉔ 离外之患,而天不靖晋国,殆将启之。(《左传·僖公二十三年》)

例㉑拿名词做修饰语,例㉒拿形容词做修饰语,例㉓拿动词做修饰语,例㉔拿动宾词组做修饰语。(也有用在并列成分之间,如"弃壮之良,而用幼弱"《国语》。)

在文言里,表示领属关系和修饰关系,用"之"字与不用"之"字,跟字数的成单或是成双很有关系。文言句法有这样一个原则:合起来的字数最好是双数。为什么合起来的字数最好是双数呢?因为这样可以使音节更加和谐,可以使人觉得"寡人之过"、"升斗之禄"要比"寡人过"、"升斗禄"顺口些;并且形式上也较符合美学上所谓"均齐"这一个原则。不仅在文言里如此,就是我们平常讲话也有这种感觉:"光荣之家"总要比"光荣家"来得顺口,来得均齐。不过,这不是绝对的原则,不是非用"之"字不可;"寡人之过"还是可以说成"寡人过","升斗之禄"也可以说成"升斗微禄"。

(3) 用在主语和谓语之间。例如：

㉕ 桑之未落，其叶沃若。(《诗经·卫风·氓》)

㉖ 大道之行也，天下为公。(《礼记·礼运》)

例㉕㉖的"之"字的作用可以说是化主谓句为偏正词组。为什么要在主谓句中间加"之"字使主谓句成为偏正词组呢？因为"桑未落"在意念上与上下文的联系没有"桑之未落"与上下文的联系更密切，在"桑未落"之间用个"之"字，让我们从头就知道句子未完而期待下文，这样就使句子更加紧凑。

(4) 用在条件句之间。例如：

㉗ 我之有罪，吾死后矣。(《左传·文公十七年》)

例㉗的"之"字和"若"字相差不多，要是译成口语，和"如果"、"假如"一类词差不多。

以上谈的是"之"字的主要用途：称代和连接。此外还有其他的用途。

3. 叙述用的"之"字

(1) 用做谓语的主要成分。例如：

㉘ 宾客皆背魏之赵。(《史记·信陵君列传》)

㉙ 先生将何之？(《孟子·告子下》)

㉚ 自少之多，自微至著也。(《西京杂记》)

例㉘㉙㉚的"之"字同"适"、"往"及"至"诸字。

(2) 用做谓语的次要成分。例如：

㉛ 之死而致死之,不仁;之死而致生之,不知。(《礼记·檀弓》)

㉜ 之死矢靡它。(《诗经·鄘风·柏舟》)

例㉛的"之"字同"于"字。例㉜的"之"意义同"至",不过用在这个句子里是做谓语的次要成分。

4."之"字的灵活运用。例如:

㉝ 何功之有哉?(《史记·信陵君列传》)

㉞ 鸜之鹆之,公出辱之。(《左传·昭公二十五年》)

㉟ 天油然作云,沛然下雨,则苗勃然兴之矣。(《孟子·梁惠王上》)

㊱ 战于长勺。公将鼓之。(《左传·庄公十年》)

㊲ 玼兮玼兮,其之翟也。(《诗经·鄘风·君子偕老》)

㊳ 居顷之,会燕太子丹质秦亡归燕。(《史记·荆轲传》)

㊴ 久之,荆轲曰:"此国家之大事也……"(同上)

㊵ 此天之所以哀燕而不弃其孤也。(同上)

㊶ 之纲之纪……(《诗经·大雅·假乐》)

例㉝的"之"字用在前置的宾语和动词之间,可是不同于一般用来连接各种成分的"之"字。前置的宾语和动词之间加个"之"字,这是文言句法的特点之一。例㉞的"之"字跟"兮"("兮"古音有些像现在的"啊"音)字差不多,它是用来加强语气和协调音节的。例㉟"苗勃然兴"就行了,"之"字并不是宾语,只是表示一种语气。例㊱"鼓"作动词用,等于"擂战鼓",我们很难说它是指代什么。例㊲的"之"字,更难体会它的意思,《经传译词》的解释是:"其之翟;之,语助耳"。例㊳㊴的"之"和表示时间的副词结合,成为一种固定形式,实在也没有什么意思。例㊵的"之"与文言"惟二月既望"中的"惟"相去不远;"之纲之纪""就是惟纲惟纪",也仅仅表示语气。

灵活运用的"之"字,独立性最差,意义最不实在,可以说是一种特殊用途的"之"字。

"之"字还有一个合音字:"诸",等于"之于"(快读而成"诸")。例如:

㊷ 乃送诸秦。(《左传·僖公二十三年》)

㊸ 晋人伐诸蒲城。(同上)

"诸"代表"之于",而"于"与"乎"古时候同声,因此"诸"又代表"之乎"。例如:

㊹ 尧舜其犹病诸?(《论语·雍也》)

㊺ 天其或者将建诸?(《左传·僖公二十三年》)

例㊹"病诸"即"病之乎"㊺"建诸"即"建之乎"。

综合上面所说的,我们对"之"字应该有个总的认识:"之"字在结构中大多数是做宾语及某些辅助成分;做谓语中心成分的并不多见。它不能做主语。

"之"在现代的文章里,作动词或者介词用的已没有看见了,作称代用的也比较少见,一般只用在一些现成的词语里。用在

现成的词语里的,有的固然有所指代,也有的指代不明。例如:

> 总之,加之,较之,要之;言之无物,姑妄言之,总而言之;置之不理,取而代之,分而治之,等等。

作连接用的比较多见。它也常常用在一些特定结合的词语里。例如:

> 之上,之下,之中,之外,之间,之前,之后(不同于"之后,一无信息"中的"之");三分之一,百分之五,原因之一,……之类;三年之久,五万万之多,非常之小;一技之长,一孔之见,为害之大,影响之深,等等。

在一般的语句中,连接用的"之"字,已经另用"的"字和"底"字来代替它了。用"的"字表示修饰与被修饰的关系,用"底"字表示领属性的关系。(现在"底"已不大用了。)

(二)"其"字用法例释

"其"为"箕"的本字,古音和"之"同韵,今音为 qí。它的用法很多,有称代指示的,有表语气的,有表关联的等等;而其中以称代指示的最为常见。

1. 称代指示的

"其"字可以代人、代物和代事。一般用作修饰语。用作修饰语的等于文言一个代词再加一个"之"字,有时和现代语的"他的"、"他们的"("它们的")相当,有时和"那……"相当。例如:

① 桑之未落,其叶沃若。(《诗经·卫风·氓》)

② 其人虽已没,千载有余情。(陶渊明《咏荆轲》)

③ 其地无井泉。

④ 赵王之子孙侯者,其继有在者乎?(《战国策·赵策》)

⑤ 事无巨细,必有其理。

⑥ 闻诗,闻礼,又闻君子之远其子也。

⑦ 尔时预复募索,未得其女。(《搜神记·李寄》)

⑧ 见善如不及,见不善如探汤,吾见其人矣……(《论语·季氏》)

⑨ 其岁,魏安釐王亦薨。(《史记·信陵君列传》)

例①②③④的"其"字都是做主语的修饰语,例①的"其"字和现代语的"它的"相当;例②③的"其"字和现代语的"那个"相当;例④的"其"字和现代语的"他们的"相当,指代句子结构之外的"赵王之子孙侯者"。例⑤⑥⑦⑧的"其"字都是做宾语的修饰语,例⑤的"其"字和现代语的"它的"相当;例⑥的"其"字和现代语的"他(自己)的"相当;例⑦的"其"字和现代语的"那样的"相当;例⑧的"其"字和现代语的"那种"或"那类"相当。例⑨的"其"字作全句修饰语的修饰语,和现代语的"那"相当。

"其"字所表示的"他的"等和"那个"等的两种意义,本来是密切相关的,古时候人称代词"其"是从指示代词"其"发展来的。

由于用作修饰语的"其"字往往等于一个代词再加一个"之"字,常常也用来造成主谓短语。例如:

⑩ 其为人也，发愤忘食，乐以忘忧，不知老之将至。（《论语·述而》）

⑪ 见其生，不忍见其死。（《孟子·梁惠王上》）

⑫ 爱其幽静，移笔研其中。（王韬《淞滨琐话》卷九）

例⑩的"其"字和后面的动词及其宾语构成主谓短语（王力把"其为人"看做句子形式，而吕叔湘把"其为人"看做主谓短语（词组）。参《现代汉语语法》、《文言虚字》的相关论述）；例⑪的"其"字用在句子的中间，和后面的动词构成主谓短语（整个短语又做前面动词"见"的宾语）；例⑫的"其"字也用在句子的中间，和后面的形容词构成主谓短语（整个短语也做前面动词"爱"的宾语）。"其"字用在动词或形容词前面还是"他的"或"它的"等意思，不过在现代语里说"他"或"它"比说"他的"或"它的"更合适。

"其"字不仅等于一个代词再加一个"之"字，还可以作"其中之……"讲。例如：

⑬ 或说处，杀虎斩蛟，实冀三横唯余其一。（《世说新语·周处》）

⑭ 孔融幼时，与诸兄食梨，取其小者。

照先秦的用法，"其"字一般只用作修饰语。其实汉魏以后用作主语和宾语的已屡见了。例如：

⑮ 其若见问，当作依违答之。（《宋书·刘邵传》）

⑯ 神人与其玉印玉版。（《南齐书·裴昭明传》）

⑰ 诸偷恐为其所识，皆逃走。（《南齐书·王敬则传》）

⑱ 令其且自过活。

例⑮的"其"字用作分句的主语；例⑯的"其"字用作动词"与"的宾语（双宾语中的第一个宾语）；例⑰的"其"字做介词"为"的宾语；例⑱的"其"字作动词"令"的宾语，同时又作后面动词"过活"的主语（兼语）。

用作主语和宾语的"其"字不和现代语的"他"字相等，"他不知道"不能译成"其不知"，"我很喜欢他"不能译成"余甚喜其"。（关于"其"字做主宾语问题可参考吕叔湘的《汉语语法论文集》相关论述）

"其"字不仅可以用于第三人称，还可以用于第一人称和第二人称。例如：

⑲ 若不获命，其左执鞭弭，右属櫜鞬，以与君周旋。（《左传·僖公二十三年》）

⑳ 帝曰："闻此言者多矣，其试为我言之。"（江淹《江文通集》自序）

有些句子，可以用称代的"其"字，可是往往也有省略不用的。例如：

㉑ 若属皆且为（其）所虏。（《史记·项羽本纪》）

又有些句子，"其"字表示"其为"（"为"字往往省略）两个字的意思，和现代语"他是……"一类意思差不远。例如：

㉒ 莫知其（为）谁者。（《汉书·龚胜传》）

2. 表示语气的。例如：

㉓ 道不行,乘桴浮于海,从我者其由与!(《论语·公冶长》)

㉔ 吾闻姬姓,唐叔之后,其后衰者也,其将晋公子乎?(《左传·僖公二十三年》)

㉕ 吾子其无废先君之功!(《左传·隐公三年》)

㉖ 子其勉之,吾不复见子矣。

㉗ 夜如何其? 夜未央。(《诗经·小雅·庭燎》)

㉘ 今君即位,其无蒲、狄乎?(《左传·僖公二十四年》)

㉙ 我其敢求位?

例㉓㉔的"其"字和文言的"殆",白话的"大概""恐怕"差不多,表示测度和拟议的语气;例㉕㉖的"其"字和白话的"可"差不多,表示命令和劝勉的语气;例㉗的"其"字音"姬",和"期""居"通用,表示疑问语气,例㉘㉙的"其"字和"岂"字相差不远,表示反诘的语气。

3. 表示关联的。例如：

㉚ 子以秦为将救韩乎? 其不乎?(《战国策·韩策》)

㉛ 物其多矣。(《诗经·小雅·鱼丽》)

㉜ 汤其无郼,武其无岐,贤虽十全,不能成功。(《吕氏春秋·慎势》)

㉝ 其过子弟,固将礼焉。(《左传·僖公二十三年》)

㉞ 与其奢也,宁俭。(《论语·八佾》)

例㉚的"其"字和文言的"抑",白话的"还是"差不多,用在选择问句中。还有"亡其""忘其""妄其"等合成词,作用和单独的"其"字一样,也用在选择问句中(例略,请参考杨伯峻的《中国文法语文通解》的相关论述)。例㉛的"其"字和文言的"之"字,白话的"的"字差不多,用在修饰语与被修饰语之间。例㉜㉝的"其"字和文言的"若"字,白话的"如果"一类词差不多,用在条件句中。例㉞的"其"字和"与"合成一个词("与其"),用在比较句中。现代文章里还沿用着这个连接词。例如:"与其种柳树,不如种白杨"(也是比较句)。

4. 其他用法。例如:

㉟ 吾子孙其复亡之不暇,而况能禋祀许乎?(《左传·隐公十一年》)

㊱ 其亡其亡。(《周易·否卦》)

㊲ 曷其有佸?(《诗经·王风·君子于役》)

㊳ 彼其之子,舍命不渝。(《诗经·郑风·羔裘》)

㊴ 其后余从狄君以田渭滨。(《左传·僖公二十四年》)

㊵ 桑之落矣,其黄而陨。(《诗经·卫风·氓》)

例㉟的"其"字和表示时间的"将"字差不多;李鼎祚认为这个"其"与"几"同。例㊱的"其"字也和表示时间的"将"字差不多;而裴学海却认为"其当为耆,恐也"。例㊲的"其"字独立性最差,谈作用至多是和缓语气或者调和音节而已。例㊳的“其”字和例㊲的“其”字相同，《毛诗古音考》中还有这么一句：“其或作忌……通作记”。例㊴的“其”字没有什么意义，“其后”就是“后来”的意思；如果受上下文意的影响，可作为“然后”的解释，如“请西约三晋，南连齐楚，北媾于单于，其后乃可图也”（《史记·荆轲传》）一句中的“其后”就有“然后”的意思。例㊵的“其”字王引之认为是“乃”的意思；有时和“乃”连用，如：“我乃其大罚殛之。”“其”、“乃”连用和“其”单用的作用一样。

古代“其”和“之”在用途上有相同的地方，因此“其”、“之”常常可以通用，如“河海阔千里，盛德及四海，况之妻子乎”一句中的“之”可以用“其”；“凡是其属，太师之任也”一句中的“其”字可以用“之”字。用“之”还是用“其”，有时要看修辞上是不是需要来决定。譬如“梓匠轮舆，其志将以求食也”（刘复《中国文法讲话》）一句，实际上用不着“其”字；但是因为句子较长，中间需要停顿一下，就用“其”字把句子切成两短截来调节全句的语气。如果不用“其”字而用“之”字，说成“梓匠轮舆之志将以求食也”自然并不是不可以。不过既然用“之”字不用“其”字，中间就不宜再有停顿来打断连贯的语气了。

以上谈的是“其”字在文言文中的用法。在元代的白话剧曲里，我们另外可以看到“其”字和别的字组合成一个词来用的。例如：

㊶ 离城中则半载其高。（《生金阁·剧三》）

㊷ 自从与贺家姐姐作伴,半载其程,钱物使尽。(《百花亭·剧二》)

㊸ 那石榴花夏月开,这其间未过清明。(《红梨花·剧二》)

㊹ 若是楚国大臣见了呵,其实难回避,怎收撮。(《气英布·剧一》)

㊺ 紫袍金带虽然贵,其实不如俺淡饭黄齑粗布衣。(《黄鹤楼·剧二》)

例㊶的"其高"是"有余"的意思,这个"其"一作"期";例㊷的"其程"是用来估计时间的,一作"期程",又作"程期";例㊸的"其间"用来指示时间的;例㊹的"其实"是"真正"的意思;例㊺的"其实"是"着实"的意思。例㊶的"其高"和例㊷的"其程"现代语里看不见了,例㊸的"其间"与现代语里表示两者之间等意思的"其间"也不同;例㊹㊺的"其实"和现代语里表示"实在"意思的"其实"含义比较相近。

"其"字的用法,以上大致谈过了。总起来看,我们要有这样的认识:

指代的"其"字的主要用途是做修饰语,尤其是领属性的修饰语。表示语气的、表示关联的以及作其他用途的"其"字,与指代的"其"字毫无关系,应该认为根本是几个不同的词或字而写成同一形式罢了。指代用的"其"字和指代用的"之"字在用法上有相同的地方,但也有不相同的地方:"其"字能作领属性的修饰语,"之"字不能,只能作非领属性的修饰语;在先秦的文章里和严守先秦用例为宗旨的正统文言文里"其"字一般不做宾语,"之"字可做宾语,而且不论在什么朝代什么文章里都是最最多见的;"之"字从来不作句子的主语的。

现代汉语里,"其"字还被沿用着,如"其原因""其目的""有其意义""求其及早实现""解除其武装""帝国主义及其走狗"(以上各例采自吕叔湘、朱德熙《语法修辞讲话》第三讲)等等。另外,还在一些特殊结构中保存着,如"其他"、"其余"(这些很早就有了,如"其他可能也"《论语·子张》,"如有周公之材之美,使骄且吝,其余不足观也已!"《论语·泰伯》)"其次""尤其""莫名其妙""大请其客"等等。"其他"就是"别的"或"另外",因为"他"字在古代正是"别"或"另"的意思。"其余"就是"……以外"的意思。"其次"的本来意思是"他的(它的)下面一个";引申来说,有"再说"或"还有"的意思。"尤其"是"特别"的意思;本该只说"尤","其"是加上去的。"莫名其妙",本来的意思是"不能说出(或说不出)它的奥妙",后来只当做"不明白"(想不通)讲。"大请其客"本该只说"大请客";"其"字加进去,起初只是滑稽的说法,后来变了夸张的说法。"大"字和"其"字相应。人们还比着这个格式,说"大吃其亏","大看其电影"等。

(三) 其他虚词用法例释

以上"之"、"其"作为重点分析,是示范性的,所以谈得比较全面细致些。下面不便都这样谈,只能选取文言虚词中常用的那些作一下提示性介绍。

1. 者

"者"可以指代人、事、物,但它不能单独使用,必须和其他词类的词结合起来组成某种结构。在一定的结构中,它指代的意义才能清楚地表现出来。比如:

(1) 肉食者鄙,未能远谋。

(《左传·庄公十年》)

按:"者",指代人。

(2) 旁皆大松,曲者如盖,直者如幢,立者如人,卧者如虬。

(晁补之《新城游山北记》)

按:"者"用在"曲"、"直"、"立"、"卧"后面,指代物(松树)。

(3) 虽有槁暴不复挺者,鞣使之然也。

(《荀子·劝学》)

按:"者"用在"虽有槁暴不复挺"后面,指代某种情况。

(4) 此数者用兵之患也。

(《资治通鉴·汉纪》)

按:"者"用在"数"后面,指代几种情况。

"者"可以表示停顿、提示,没有实在意义。比如:

(1) 燕太子丹者,故尝质于赵。

(《史记·刺客列传》)

按:"者"起结构助词作用,主要表示提顿,以引起下文。

(2) 何者？严大国之威以修敬也。

(《史记·廉颇蔺相如列传》)

按:"者"用在疑问句中,同样表示提顿,以引起下文。

(3) 荆州之民附操者,偪兵势耳,非心服也。

(《资治通鉴·汉纪》)

按:"者"用在复句中,也表示提顿语气。

"者"用在时间名词后面,凑音节而已。比如:

(1) 今者有小人之言令将军与臣有隙。

(《史记·项羽本纪》)

(2) 昔者共工与颛顼争为帝。

(《淮南子·天文训》)

"者"又可以表示比拟,相当于"的样子"、"似的"含义。比如:

(1) 如不能言者。

(《史记·万石张叔列传》)

按:"者"与前边的"如"相应,表示"好像……的样子"的意思。

(2) 貌若甚戚者。

(柳宗元《捕蛇者说》)

按:"者"与前边的"若"相应,表意同上。

(3) 阴虎伪不见冉猛者。

(《左传·定公八年》)

按:"者"前边没有"若"、"如"一类词相应,表示"似的"的意思。

2. 所

"所"跟"者"一样不能单独使用,通常用在动词前面组成"所"字结构,在句中的作用相当于一个名词,指代动作或行为涉及的人、事、物。这样的"所"字结构,可译作"……的"或"所……的",表示"……的人"、"……的东西"、"……的事情"等。比如:

(1) 穷危之所在也,民安得勿避。

(《韩非子·五蠹》)

(2) 粟者,民之所种。

(《汉书·食货志》)

(3) 其所览见,旧儒不胜。

(《三国志·吴志·周瑜鲁肃吕蒙传注》)

"所"前边可以加"无"或"有",表示有所否定和肯定。比如:
① 女亦无所思,女亦无所忆。

(《木兰诗》)

按:"无所"、"有所"已经是特定的凝固结构了。关于凝固结构之类,后边还要谈到。

为了明确所指代的是何人、何事、何物,"所"字结构后面常常再用一个名词来表示。比如:

(1) 秦王谓轲曰:"取舞阳所持地图。"

(《史记·刺客列传》)

（2）置人所罾鱼腹中。

(《史记·陈涉世家》)

当动作的对象的具体内容较易理解时，可不用名词，而用"者"表指代。比如：

（1）舟止，从其所契者入水求之。

(《吕氏春秋·察今》)

（2）视吾家所寡有者。

(《战国策·齐策》)

"所"和介词"以"结合成"所以"，相当于"的方法"、"的缘故"、"的原因"等等意思（即表示动作、行为实现的手段或产生的原因）。比如：

（1）吾知所以距子矣，吾不言。

(《墨子·公输》)

（2）吾所以为此者，以先国家之急而后私仇也。

(《史记·廉颇蔺相如列传》)

（3）亲贤臣，远小人，此先汉所以兴隆也；亲小人，远贤臣，此后汉所以倾颓也。

(诸葛亮《出师表》)

此外，"所"还有其他用途："为……所……"连用，表示被动；指代不定数，相当于"上下"、"左右"、"来"之类；作连词用，表假设，相当于"如果"、"假使"之类。比如：

(1) 羸兵为人马所蹈藉,陷泥中,死者甚众。

(《资治通鉴·汉纪》)

按:"所"同前边"为"相应,共同表被动。

(2) 去挺四十步所。

(《论衡·验符》)

按:"所"相当于"上下"(离开陈挺四十步上下)。

(3) 十八日所而病愈。

(《史记·扁鹊仓公列传》)

按:"所"相当于"左右"(十八天左右病就好了)。

(4) 从弟子十人所。

(《史记·滑稽列传补》)

按:"所"相当于"来"(跟着女徒弟十来个)。

(5) 所不此报,无能涉河!

(《左传·宣公十七年》)

按:"所"相当于"如果"(如果不报此仇,就不能再渡过这条河)。

现代汉语里找不到跟"所"字相当的词,所以今天还是沿用它。比如"所得、所在、所料、所想、所说、所做"等等。"所"另外还在特定的结构中保存着。比如:

所谓——相当于"我们所说……","人们说的……","他们说的,我们不承认"等意思。比如:

所谓经验,不仅是知识方面的事情。

（意思是"我们说的……"）

最初他按照所谓意大利典型造成。

（意思是"人们说的……"）

帝国主义的所谓民主……

（意思是"他们说的,我们不承认"）

无所谓——不在乎,没有什么。

所有——最初只是"有"的意思,后来"所有"本身变成"一切"的意思。

至于《诗经》里"伐木所所"的"所"一般解作象声词;成语"各得其所"的"所"是名词(处所、位置),"楼房一所"的"所"是量词;汉代"所忠"的"所"是姓,自然都是另一回事,不宜混为一谈。

3. 于

"于"是常用介词,主要有以下几种用法。

第一种,介进动作、行为发生的地点、时间,相当于"在"、"到"、"从"、"当"。比如：

(1) 战于长勺。

(《左传·庄公十年》)

按："于"相当于"在"。

(2) 自吾氏三世居是乡,积于今六十岁矣。

(柳宗元《捕蛇者说》)

按："于"相当于"到"。

(3) 青,取之于蓝……

(《荀子·劝学》)

　　按:"于"相当于"从"。

(4) 于其将行,为叙其诗,因通其盛时,以悲其衰。

(欧阳修《释秘演诗集序》)

　　按:"于"相当于"当"。

有时跟"在"、"至"连用,说成"在于"、"至于"。比如:

(5) 成败之机,在于今日。

(《资治通鉴·汉纪》)

(6) 至于夏水襄陵,沿泝(sù)阻绝。

(《水经注·江水》)

第二种,介入动作的对象,相当于"向"、"对"("对于")、"和"("同")、"给"。比如:

(1) 赵氏求救于齐。

(《战国策·赵策》)

　　按:"于"相当于"向"。

(2) 阳平公融言于坚曰……

(《资治通鉴·晋纪》)

　　按:"于"相当于"对"。

(3) 燕王欲结于君。

(《史记·廉颇蔺相如列传》)

　　按:"于"相当于"和"。

(4) 忌进孙子于威王。

（《史记·孙子吴起列传》）

按:"于"相当于"给"。

第三种,引进比较的对象。比如:

(1) 人固有一死,或重于泰山,或轻于鸿毛。

（司马迁《报任安书》）

按:两个"于"都相当于"比"。

如果前边已用表示比较的词,"于"则相当于"和"（"跟"、"同"、"与"）。比如:

(2) 曹操比于袁绍,则名微而众寡。

（《三国志·蜀志·诸葛亮传》）

按:"于"前有"比","于"相当于"和"。

第四种,介绍出动作、行为的主动者,表被动,相当于"被"。比如:

(1) 吾不能举全吴之地,十万之众,受制于人。

（《资治通鉴·汉纪》）

按:"于"相当于"被"。

(2) 兵破于陈涉,地夺于刘氏。

（《汉书·贾山传》）

按:"于"也相当"被"。

此外,"于"介出原因,相当于"由于"（因为）;表动作所用的或凭借的东西,相当于"用"、"拿"（同"以"）;表示"在……中"、"在……方面"的意思,一般用来修饰。比如:

(1) 业精于勤，荒于嬉。

（《韩愈·进学解》）

按："于"相当于"由于"。

(2) 盖诗文至近代而卑极矣，文则必欲准于秦汉；诗则必欲准于盛唐。

（袁宏道《叙小修诗》）

按："于"相当于"以"（拿）。

(3) 于姬姓独后亡。

（《史记·燕召公世家》）

按："于"相当于"在……中"。

(4) 有达于理者，得不恐而畏乎？

（柳宗元《送薛存义序》）

按："于"相当于"在……方面"。

"于"和"是"结合成"于是"，有时可作"在这个时候"、"在这件事上"讲，有时可作"因此"讲。比如：

(1) 于是汉兵夹击……

（《史记·淮阴侯列传》）

按："于是"可以作"在这个时候"理解。

(2) 吾父死于是。

（柳宗元《捕蛇者说》）

按："于是"，可以作"在这件事上"理解。

(3) 于是孙子谓田忌曰……

(《史记·孙子吴起列传》)

按:"于是"相当于"因此",但仍包含有"在这个时候"的意思。

现代汉语里单独的"于"几乎没有什么用处了。"我在家"不能说成"我于家";"他对于这个问题的看法"可以说"他对这个问题的看法",却不能说"他于这个问题的看法"。"于"只保留在一些特定的结构里,如"对于、关于、由于、终于、适于、善于、有利于"等等。这些结构中,有的是新起的,如"对于"、"关于"、"由于"等。

4. 以

"以"主要用作介词,也用作连词,情况相当复杂,下面多举实例说明。

(1) 叶公子高好龙,钩以写龙,凿以写龙,屋室雕文(纹)以写龙。

(《新序·杂事》)

按:"以"相当于"用来"(此"以"有不同解释)。

(2) 秦昭王闻之,使人遗赵王书,愿以十五城请易璧。

(《史记·廉颇蔺相如列传》)

按:"以"相当于"拿"。

(3) 何以战?

(《左传·庄公十年》)

按:"以"相当于"凭借"。

(4) 以此驰说,取合诸侯。

（《汉书·艺文志》）

按:"以"相当于"依靠"。

(5) 有军功者各以率(lǜ)受上爵。

（《史记·商君列传》）

按:"以"相当于"按"(或"按照"、"依据")。

(6) 天下有变,王割汉中以楚和。

（《战国策·周策》）

按:"以"相当于"跟"。

(7) 使龙骧将军胡彬以水军五千援寿阳。

（《资治通鉴·晋纪》）

按:"以"相当于"带领"或"率领"(介词起了动词的作用)。

(8) 俄罗斯以顺治时扰黑龙江,踞雅克萨、尼布楚二城而有之。

（龚自珍《最录平定罗刹方略》）

按:"以"相当于"在"。

(9) 基隆业广,易以立功。

（《三国志·魏志·武帝纪》注）

按:"以"与用在形容词后的"于"相同。

(10) 且以一璧之故逆强秦之欢,不可。

（《史记·廉颇蔺相如列传》）

按:"以"相当于"因为"、"由于"。

(11) 当此时,诸郡县苦秦吏者,皆刑其长吏,杀之以应诸侯。

（《史记·陈涉世家》）

按:"以"表动作的目的、结果,兼起"来"的作用。

(12) 明法度,定律令,皆以始皇起。

（《史记·李斯列传》）

按:"以"表动作的所自,相当于"从"。

(13) 以年则比兄长,以位则比兄重。

（《三国志·魏志·武帝纪注》）

按:"以"表论事标准,相当于"论"、"以……论"。

(14) 私汝狼以犯世卿、忤权贵。

（马中锡《中山狼传》）

按:"以"相当于"而"（表并列关系）。

(15) 齐因乘胜尽破其军,虏魏太子申以归。

（《史记·孙子吴起列传》）

按:"以"相当于"而"（表前后顺接关系）。

(16) 其为人也,善射以好思。

（《荀子·解蔽》）

按:"以"相当于"而且"。射,即"射覆",古时的猜谜。

(17) 晋侯秦伯围郑,以其无礼于晋,且贰于楚也。

（《左传·僖公三十年》）

按:"以"相当于"因为"。

(18) 孙膑以此名显天下,世传其兵法。

(《史记·孙子吴起列传》)

按:"以"和"此"组成"以此",相当于"因此"。

(19) 苦为河伯娶妇,以故贫。

(《史记·滑稽列传》)

按:"以"和"故"组成"以故",也相当于"因此"。

(20) 辛生以是不在议甲乙伍中。

(柳宗元《送辛生下第序略》)

按:"以"和"是"组成"以是",也相当于"因此"。

此外,"以"还有其他用法。比如:

(1) 有时朝发白帝,暮到江陵,其间千二百里,虽乘奔御风,不以疾也。

(郦道元《水经注·江水》)

按:"以"相当于"这"、"这么",同"此"。

(2) 管仲之取舍非周公旦,以明矣。

(《韩非子·难二》)

按:"以"相当于"太"。

这种相当于代词"这"和副词"太"的用法同常用的介词及连词用法是两回事。

现代汉语里,"以"也保存在特定的结构中,比如"以至"、"以致"、"以便"、"以免"、"以及"、"以上"、"以前"、"以为"等等。这些自然没有必要逐个拆开来解释。

5. 而

"而"主要用来表示连接。比如：

(1) 听其言而观其行。

（《论语·公冶长》）

按："而"表并列关系。

(2) 一鼓作气,再而衰,三而竭。

（《左传·庄公十年》）

按："而"表连贯关系。

(3) 马陵道狭,而旁多阻隘,可伏兵。

（《史记·孙子吴起列传》）

按："而"表递进关系。

(4) 子子孙孙,无穷匮也,而山不加增。

（《列子·汤问》）

按："而"表转折关系。

(5) 微波入焉,涵澹澎湃而为此也。

（苏轼《石钟山记》）

按："而"表结果关系,相当于"因而"。

(6) 子产而死,其谁嗣之。

（《左传·襄公三十年》）

按："而"表假设关系。

(7) 吾恂恂而起,视其缶,而吾蛇尚存,则弛然而卧。

(柳宗元《捕蛇者说》)

按：前后两个"而"都表示修饰与被修饰关系。

"而"用作人称代词同"尔"。它表对称，相当于"你"、"你们"、"你的"、"你们的"。比如：

(1) 吾翁即若翁,必欲烹而翁,幸分我一杯羹。

(《史记·项羽本纪》)

按："而"相当于"你"、"你的"。

(2) 余知而无罪也。

(《左传·昭公二十年》)

按："而"相当于"你"。

(3) 我死祸绝,不及而身矣。

(《史记·郦生陆贾列传》)

按："而"相当于"你们"、"你们的"。

"而"也可以用来表语气。比如：

(1) 若敖氏之鬼,不其馁而？

(《左传·宣公四年》)

按："而"相当于"吗"。

(2) 误而为饵兮,命或殆而！

(柳宗元《辨伏神文》)

按："而"相当于"吧"。

"而"还可以跟其他语气助词连用,表示"仅此"的语气。比如：

(1) 我知种树而已,官理非吾业也。

(柳宗元《种树郭橐驼传》)

按:"而已"相当于"罢了"。

(2) 故若是而已耳。

(柳宗元《对贺者》)

按:"而已耳"也相当于"罢了"。("耳"可以不予理会。)

(3) 故其治国也,察要而已矣。

(《商君书·农战》)

按:"而已矣"也相当于"罢了"。("矣"可以不予理会。)

此外,古人写文章为了避免字面重复,"而"同"以"常前后对用。比如:

(1) 割鸿沟以西者为汉,鸿沟而东者为楚。

(《史记·项羽本纪》)

按:"而东"即"以东"。

类似说法还有"而后"、"而上"等,常单用:

(2) 百年而后,予登岭上。

(全祖望《梅花岭记》)

按:"而后"即"以后"。

至于"一而十,十而百"的说法,"而"表示到的意思,同时兼有协调语气的作用。

"而"的用法较难把握,因为文言用"而"的地方,白话里一般不用;就是在文言里,也往往可用可不用。这样一来,往往易产生乱用和滥用现象。

6. 则

"则"主要用来表示连接。比如：

(1) 德则不竞,寻盟何为?

(《左传·成公九年》)

按:"则"相当于"如果",表假设关系。

(2) 今虽死乎此,比我乡邻之死,则已后矣。

(柳宗元《捕蛇者说》)

按:"则"相当于"却",表示转折关系。

(3) 此印者才毕,则第二版已具。

(沈括《梦溪笔谈·活版》)

按:"则"相当于"就",表示承接(连贯)关系。

(4) 心之官则思。

(《孟子·告子》)

按:"则"相当于"就是",用在判断句表判断作用。

(5) 誉辅其赏,毁随其罚,则贤不肖俱尽其力矣。

(《韩非子·五蠹》)

按:"则"相当于"那么",表前项是假设条件,后项是推断结果。

(6) 其言则若是,其行则若彼。(转引自吕叔湘《文言虚字》)

按:上下各用一个"则",表示两事相对待,在现代汉语中没有相当的。

"则"连同前边讲到的"而","是文言里最重要的两个连词"(吕叔湘《文言虚词》),必须很好地掌握。

7. 也

"也"只用来表示语气(同现代汉语的"也"完全是两回事)。它常用在句末,也用在句中,有时还跟别的语气助词连用,同现代语的"啊"、"呀"、"了啊"相当,或者同"吧"、"吗"等相当。比如:

(1) 廉颇者,赵之良将也。

(《史记·廉颇蔺相如列传》)

按:"也"同"者"照应,构成"……者……也"格式,表示判断。

(2) 动作态度无为而不窃铁(斧)也。

(《列子·说符》)

按:"也"表示判断,用在肯定句。

(3) 老妇不闻也。

(《战国策·赵策》)

按:"也"表示判断,用在否定句。

(4) 今者项庄拔剑舞,其意常在沛公也。

(《史记·项羽本纪》)

按:"也"表示解释,强调是怎么回事。

(5) 蚓无爪牙之利,筋骨之强,上食埃土,下饮黄泉,用心一也。

（《荀子·劝学》）

按："也"表示解释，强调原因或理由。

(6) 今杀相如，终不能得璧也。

（《史记·廉颇蔺相如列传》）

按："也"表示解释，强调行为结果。

(7) 此何地也？而汝来前！

（方苞《左忠毅公逸事》）

按："也"表示反诘，但疑问重点却在"何"上。

(8) 二世问左右："此乃鹿也？"

（《史记·李斯列传》）

按："也"表反诘，但没有疑问词，疑问重点落在"也"上。

(9) 此亦勍(qíng)敌，何谓弱也？！

（《资治通鉴·晋纪》）

按："也"表反诘，兼表感叹。

(10) 及军退，宣王案（按）行其营垒处所，曰："天下奇才也！"

（《三国志·蜀志·诸葛亮传》）

按："也"表感叹。

(11) 此中人语云："不足为外人道也！"

（陶潜《桃花源记》）

按："也"表祈使。

（12）天不为人之恶寒也,辍冬;地不为人恶辽远也,辍广。

(《荀子·天论》)

按:"也"表停顿,并前后连用,以示层次,互为照应。

（13）胜也何敢言事!

(《史记·鲁仲连邹阳列传》)

按:表停顿,并用以协调语气,突出主语,强调谓语。

（14）故圣人也者,人之所积也。

(《荀子·儒效》)

按:"也者"连用,加强提顿。

（15）是善恶之分也已。

(《荀子·性恶》)

按:"也已"连用,用以加强肯定语气。

（16）莫余毒也已!

(《左传·僖公二十八年》)

按:"也已"连用,用以加强否定,兼表感叹。

（17）回思是时,奄忽便已十年。吁!可悲也已!

(归有光《寒花葬志》)

按:"也已"连用,深表感叹。

（18）是余之罪也夫!是余之罪也夫!

(《史记·太史公自序》)

按:"也夫"连用既表肯定,又表感叹。

（19）呜呼!彼以其饱食无祸为可恒也哉!

(柳宗元《三戒·永某氏之鼠》)

按:"也哉"连用也既表肯定,又表感叹。

(20) 夫祸患常识于忽微,而智勇多困于所溺,岂独伶人也哉?

(欧阳修《五代史·伶官传序》)

按:"也哉"连用并同"岂"照应,既表疑问,又表感叹。

(21) 女(汝)亦知吾望尔也乎?

(《国语·晋语五》)

按:"也乎"连用,表反诘。

(22) 吾罪也乎哉?

(《左传·襄公二十五年》)

按:"也乎哉"连用,在疑问中表感叹。

(23) 畴昔之夜,飞鸣而过我者,非子也耶?

(苏轼《后赤壁赋》)

按:"也耶"连用,在疑问中表感叹。

(24) 子之所以为异者,岂不以赞天之能生殖也欤?

(柳宗元《答刘禹锡〈天论〉书》)

按:"也欤"连用表诘问。

古人很重视语气的表达。林纾《春觉斋论文》中有篇叫做《也字用法》的文章,就说过"《始古录》谓欧阳(修)《醉翁亭记》用'也'字,东坡《酒经》用'也'字,王荆公《度支郎中萧公墓铭》亦皆用'也'字,不知谁相师法,然皆出《孙武子》十三篇中";"凡善于文者,用虚字最不轻苟……"王夫之的《读四书大全说》讲到《中庸》第九章时也指出"本文前三'也'字,一气趋下,末一'也'字结正之"。对于"也"字,古人已有初步的分析,我们当应有所重视。

8. 矣

"矣"也用来表示语气(表动态,意味着事物的变化和发展)。比如:

(1) 吾观兵书战策多矣,孙武所著深矣。

(曹操《孙子·序》)

按:"矣"表停顿和终结语气,相当于现代语"了"。

(2) 母置之,吾已决矣。

(《史记·廉颇蔺相如列传》)

按:"矣"表肯定语气,相当于"了"。母,指赵括母亲。

(3) 无奔走之劳矣。

(宋濂《送东阳李生序》)

按:"矣"表否定语气,也相当于"了"。

(4) 事急而不断,祸至无日矣!

(《资治通鉴·汉纪》)

按:"矣"表感叹语气,相当于"了"。

(5) 二人者,予乃见其盛衰,则予亦将老矣夫!

(欧阳修《释秘演诗集序》)

按:"矣夫"连用,相当于"吧(了吧)"。

(6) 此诚金玉、彼诚粪土矣乎!

(龚自珍《最录尚书古文序写定本》)

按:"矣乎"连用,相当于"吧"。

(7) 亦盛矣哉!

(张溥《五人墓碑记》)

按:"矣哉"连用,相当于"啊"。

(8) 今知而弗言,则人主尚安假借矣?

(《韩非子·定法》)

按:"矣"表疑问语气;前无疑问词相应,相当于"呢"。

(9) 今君人者,急逐乐而缓治国,岂不过甚矣哉?

(《荀子·王霸》)

按:"矣哉"连用表疑问语气;前有疑问词相应,相当于"吗"。

(10) 公往矣,无污我!

(《史记·刘敬叔孙通列传》)

按:"矣"表祈使语气,相当于"吧"。

林纾《春觉斋论文》中也有篇叫做《矣字用法》的文章,说到许慎《说文解字》对"矣"的认识,柳宗元对"矣"的认识,以及他自己的见解,并例析历来各书用"矣"的特色。由此同样可以看出,古人对语气的表达是相当重视的。

以上谈了十来个文言虚词的用法。除了"之"、"其"作重点分析之外,"者"、"所"、"于"、"以"、"而"、"则"、"也"、"矣"只作提示性的介绍。这些虚词,从它们的常用情况看,"者"、"所"主要起替代作用,"于"、"以"主要起组合作用,"而"、"则"主要起关联作用,"也"、"矣"主要起表示语气的作用。一般古汉语语法书(包括专谈文言虚字的书)所涉及的虚字,基本上可以从这四个方面来归类和分析,比如"何"、"安"、"孰"等等可以归到"替代"一类,"为"、"与"等等可以归到"组合"一类,"纵"、"乃"、"且"等等可以归到"关联"一类,"乎"、"耶"、"夫"、"耳"等等可以归到"语气"一类。由于文言虚字的专书已有不少,不逐一细加介绍。

四、词序与特定格式

词序也叫语序,是指句子成分或词在句中位置的先后次序。它是汉语的重要语法手段之一。一般地说,汉语的词在句中充当了什么句子成分,其位置次序是固定的,不可随便调换。它的一般规则是:主语在谓语前,宾语在动词后,定语、状语在其所修饰的语词之前,补语在其所补充的语词之后。

一个词在不同的句子中如果它的位置不同,那么这个词的语法功用也就不同了。一句话中同样几个词,可以因为词序不同而造成语法结构关系和意思都不同。比如:"万里河山"是偏正结构,"河山万里"是主谓结构。"他什么都懂",说他博学;"他都懂什么",说他无知。"屡战屡败"的是狗熊,"屡败屡战"的还不失为一条好汉。没有疑问,词序的不同跟意义的表达,关系极其密切。

从历史上看,古今汉语的词序基本上是一致的。但也有差异,特别是动词和宾语的词序安排,就有所不同。古今汉语在词序上不一致的情况,应该认为这在古汉语是一种正常现象。我们不应把古汉语中凡是与现代汉语词序不同的地方都看成是"倒装"。因为是不是"倒装",这是就同一时代语言相比较来说的。不同时代的语言相比较而词序不同,只能认为是词序的一种历史变化。

下边就介绍古汉语词序的特色。

(一) 宾语前置

古代汉语中,宾语往往置于动词谓语前。这有几种情况:

1. 否定句代词宾语前置

否定句中有否定词"不"、"未"、"莫"之类,宾语又是由代词充当,这个宾语就要前置。前置宾语放在否定词之后,动词谓语之前。比如:

(1) 既见君子,不我遐弃。

(《诗经·周南·汝坟》)

按:"不我遐弃"的"我"是代词做宾语,又有否定词"不",因此"我"放在动词"弃"的前面。

(2) 然而不王者,未之有也。

(《孟子·梁惠王上》)

按:"未之有也"的"之"就是指代上文的"不王(wàng)者",因为"之"是代词,又有否定词"未",所以位于动词"有"之前。

(3) 硕鼠硕鼠,无食我黍;三岁贯汝,莫我肯顾。

(《诗经·魏风·硕鼠》)

按:"莫我肯顾"的"我"是代词做宾语,又有否定词"莫",所以放在动词"顾"之前。动词前有助动词"肯",代词放在助动词前面。

否定句代词宾语前置,这是就一般情况说的。否定句代词宾语不前置的情况也是有的。比如"不知我者,谓我何求"(《诗经·王风·黍离》)中的"不知我"的宾语"我"就没有放在动词前。这在古汉语里倒是个别现象。

2. 疑问句代词宾语前置

在疑问句中,疑问代词做宾语时,这个宾语要前置。比如:

(1) 项王曰:"沛公安在?"

(《史记·项羽本纪》)

按:疑问代词"安"做宾语,放在动词"在"前面。

(2) 吾谁欺?欺天乎?

(《论语·子罕》)

按:疑问代词"谁"做宾语,放在动词"欺"前面。

(3) 尔何知!

(《左传·僖公三十二年》)

按：疑问代词"何"做宾语，放在动词"知"前面。

疑问句代词宾语前置，这也是就一般情况说的；个别不前置的现象也是存在的。比如"子夏云何"（《论语·子张》）的"何"是疑问代词，可并没有放在动词前。

另外还必须明确：有时疑问代词容易同语气助词相混，要根据上下文仔细观察。试比较下边两个句子：

（1）皮之不存，毛将焉附？

（《左传·僖公十四年》）

（2）皮之不存，毛将安附焉？

（张机《伤寒论·自序》）

例（1）"毛将焉附"的"焉"是疑问代词，放在动词"附"前面；例（2）的"毛将安附焉"的"焉"则是语气助词。

（二）介词宾语前置

介词一般是由动词演变来的。介词宾语前置主要有两种情况。一种是疑问代词作介词的宾语。必须放在介词前面。比如：

（1）公子何以知之？

（《史记·信陵君列传》）

按："何以"就是"以何"，"何"是疑问代词，所以放在介词"以"前面。

（2）王谁与为不善？

(《孟子·滕文公下》)

按:"谁与"就是"与谁","谁"是疑问代词,所以放在介词"与"前面。

另一种是介词"以"的宾语并非代词,但也常常放在介词"以"前面。比如:

(1) 一言以蔽之。

(《论语·为政》)

按:"一言以蔽之"就是"以一言蔽之","一言"放在介词"以"前面。其他"一以当十"、"夜以继日"等等也都是这样。

(2) 将子无怒,秋以为期。

(《诗经·卫风·氓》)

按:"秋以"就是"以秋","秋"放在介词"以"前面。

(三) 宾语提前

前边讲的否定句代词宾语、疑问句代词宾语,它们在古代本来就是放在动词前面的,我们叫它宾语前置。但为了表达上需要强调宾语,通过一定的语法手段把宾语放到动词前面,我们叫它宾语提前。这个宾语可以是代词,也可以不是,但一般都用"之"或"是"强化语气并作宾语提前的标志(有人认为这样用的"之"、"是"是复指成分)。有时还用"唯"进一步强化语气(也是宾语提前的标志)。比如:

(1) 宋何罪之有?

(《墨子·公输》)

按:"何罪之有"就是"有何罪",其中通过用"之"以强化宾语"罪"("何"是"罪"的定语),并作该宾语提前的标志。

(2) 将虢是灭,何爱于虞?

(《左传·僖公五年》)

按:"虢是灭"就是"灭虢",通过用"是"以强化宾语"虢",并作该宾语提前的标志。

(3) 父母唯其疾之忧。

(《论语·为政》)

按:"唯其疾之忧"就是"忧其疾","唯"不但强调了宾语,而且还表示了动作行为的对象的单一性和排他性。这种"唯……之(是)……"的格式现代汉语还在沿用着,如"唯利是图"、"唯命是从"等等。

此外,如果宾语本身是代词,也可以用"之"提前。比如:

(1) 闻道百,以为莫己若者,我之谓也。

(《庄子·秋水》)

按:"我"是代词,作"谓"的宾语,提到"谓"前面。

(2) 诗曰:"孝子不匮,永锡尔类。"其是之谓乎?

(《左传·隐公元年》)

按:"是"是代词,作"谓"的宾语,提到"谓"前面。

(四) 谓语提前

为了突出和强调谓语,谓语可以提到主语前。比如:

(1) 谁与,哭者?

(《礼记·檀弓》)

按:"谁与"提到"哭者"前。

(2) 甚矣,吾衰也!

(《论语·述而》)

按:"甚矣"提到"吾衰"前。

(3) 异哉,斯言!

(《左传·成公二年》)

按:"异哉"提到"斯言"前。

以上的谓语如果不提前,说成"哭者谁与","吾衰甚矣","斯言异哉",语意就不突出,语气也减弱。

(五) 定语的位置

为了突出和强调定语,往往把定语移到中心词后。常见的表达方式是移后的定语末了加上"者"字煞尾。有时还在中心词后头加"之"以进一步强化语气。比如:

(1) 求人可使报秦者。

(《史记·廉颇蔺相如列传》)

按:"人可使报秦者"就是"可使报秦之人"。

(2) 其石之突怒偃蹇,负土而出,争为奇状者,殆不可数。

(柳宗元《钴鉧潭西小丘记》)

按:"石之突怒偃蹇,负土而出,争为奇状者"就是"突怒偃蹇,负土而出,争为奇状之石";"石"与"突怒偃蹇……"中间用"之",更强调了定语。

定语放在中心词后这种格式的主要标志是煞尾用"者"字。试比较以下的例句:

(1) 中庶子喜方者。
(2) 中庶子之喜方者 }"喜方"都是定语,因为煞尾有"者"。

(3) 中庶子喜方
(4) 中庶子之喜方 }"喜方"都不是定语。

(六) 数量词在句中的位置

古汉语数量词在句中的位置和现代汉语有些不同。有时数量词修饰名词放在名词后边。比如:

(1) 冉子与之粟五秉。

(《论语·雍也》)

按:这一说法现代汉语不常见,往往在记账时才采用,如"笔三支","墨水两瓶"。在叙事时一般说"三支笔","两瓶墨水"。

数量词修饰动词,却放在动词前边。比如:

(2) 凡六出奇计。

(《史记·陈丞相世家》)

按:"六出"现代汉语说"出了六次"。

(七)介词结构在句中的位置

"以……"和"于……"充当补语,往往置于动词宾语后头。比如:

(1) 杀人以梃与刃,有以异乎?

(《孟子·梁惠王上》)

按:"以梃与刃"这一介词结构充当补语置于"杀人"后头。

(2) 投其璧于河。

(《左传·僖公二十四年》)

按:"于河"这一介词结构充当补语置于"投其璧"后头。

现代汉语介词结构一般充当状语。介词结构充当补语是古汉语的沿用,如"生于1921年"的"于1921年"作动词"生"的补语就是。至于介词结构充当补语置于动宾结构的后头,则只见于文言句法。

以上介绍了古汉语的词序问题,下面再介绍包括凝固结构在内的某些特定格式。

(一)"……者……也"、"……也"

现代汉语表示判断的句子,常用表判断的词"是"。文言的判断句更多的是以名词或名词词组直接做谓语,不用表判断的词,而在主语后面用个"者"提顿,在句末用个"也"相呼应;或者主语后面不用"者"提顿,而只在句末用"也"(也有都不用)收尾,这就成了文言表判断的特定格式了。比如:

(1) 陈涉者,阳城人也。

(《史记·陈涉世家》)

(2) 南阳刘子骥,高尚士也。

(陶潜《桃花源记》)

(3) 十六年而有妇,孺人所许聘者也。

(归有光《先妣事略》)

按:"者也"相当于"的啊",是"者"字结构之后再用"也",不是"……者……也"的合并。

(二)"……之谓也"("其……之谓矣"、"其……之谓乎"、"其……之谓与")

"……之谓也"就是"谓……也",意思是"说的就是……啊","这就叫……啊"。"……之谓也"、"其……之谓矣"、"其……之谓乎""其……之谓与"作用一样(只是语气有所不同,语意轻重略有差异),都用来表示总结性的判断。比如:

(1) 闻道百,以为莫己若者,我之谓也。

(《庄子·秋水》)

(2) ……其子臧之谓矣。

(《左传·僖公二十四年》)

(3) 诗曰:"孝子不匮,永锡尔类。"其是之谓乎?

(《左传·隐公元年》)

(4) 唇亡则齿寒,其斯之谓矣!

(《穀梁传·僖公二年》)

按:上述格式所表示的判断多数是类比性的,往往先提出某事件、某典故或某古诗,从而用其中所显示的道理来类比判断眼下的人或事。

(三)"有……者"

一般用于叙述的开头以突出叙述对象。比如:

(1) 人有亡铁者,意其邻之子。

(《列子·说符》)

(2) 有敢为魏王使通者,死。

(《史记·魏公子列传》)

(四)"如何"("奈何"、"若何")、"如……何"("奈……何"、"若……何")

动词"如"("奈"、"若")和疑问代词"何"组成凝固结构,就是"怎么"、"怎么样"、"怎么办"、"怎么处置"一类意思,用以询问办法或原因。如果把"如何"("奈何"、"若何")拆开来,当中夹进名词或代词,就是"把……怎么办"、"拿……怎么样"、"对……怎么

样"一类意思,用以询问办法。比如:

(1) 明耻权战,求杀敌也。伤未及死,如何勿重?

（《左传·僖公二十三年》）

(2) 虽死,不可以驱! 奈何弃之?

（《史记·项羽本纪》）

(3) ……非国家之利也。若何从之?

（《左传·襄公二十六年》）

(4) 今绍方来而弃之东,绍乘人后,若何?

（《资治通鉴·汉纪》）

(5) 为之奈何? 守在四夷。

（李华《吊古战场文》）

(6) 以君之力,曾不能损魁父之丘,如太行王屋何?

（《列子·汤问》）

(7) 公叔病有如不可讳,将奈社稷何?

（《史记·商君列传》）

(8) 我欲战矣,齐秦未可,若之何?

（《左传·僖公二十八年》）

(9) 虞兮,虞兮,奈若何?

（《史记·项羽本纪》）

按:这句的"若"是代词"你",不要误认为"奈若"连用。

(10) 夫唐尧有丹朱,周文王有管蔡:此皆上圣,无奈下愚子何。

(《汉书·王莽传》)

按:"奈……何"前面用了"无",是表示"没有办法对待"的意思。

(五)"孰与"("孰若")

"孰"一般是"谁"的意思(但又不全相同),常同"与"结合成为凝固结构"孰与",用来表示比较和选择。"孰若"还有"哪如"之类的意思。比如:

(1) 救赵孰与勿救?

(《战国策·齐策》)

(2) 与其有誉与前,孰若无毁于其后?

(韩愈《送李愿归盘谷序》)

(六)"无乃……乎"、"得无……乎"

"无乃"原意是"不是",与"乎"相应构成"无乃……乎",表委婉的商榷语气(没有"不是……吗"那么直截了当),相当于"恐怕……吧";"得无……乎"则相当于"只怕是……吧"、"该不会……吧"。例如:

(1) 师劳力竭,远主备之,无乃不可乎?

(《左传·僖公三十二年》)

(2) 今民生长于齐不盗,入楚则盗,得无楚之水土使民善盗耶?

(《晏子春秋·晏子使楚》)

(3) 高帝曰:"得无难乎?"

(《史记·刘敬叔孙通列传》)

(七)"何以……为"、"何……为"、"何为"

这些都是表示反问的特定说法。比如:

(1) 先生议兵,……然则又何以兵为?

(《荀子·议兵》)

按:"何以……为"里的"何以"是"以何",即"为什么";"为"已虚化成语气词。这一格式大致可理解为"还用……做什么"、"要……干什么"。

(2) (子鱼曰:)必如公言,即奴事之耳,又何战为?

按:"何以……为"这个格式里的"以"的宾语如果是动词或动词性词组,这个"以"就可以省去,说成"何……为",意义和作用仍与"何以……为"一样。

(3) 上不欲就天下乎?何为斩壮士?

(《史记·淮阴侯列传》)

按:"何为"相当于"为什么",多用于表直接询问,也用于反问。

(4) 奚以之九万里而南为?

(《庄子·逍遥游》)

按:"奚"(或"恶"、"安")和"何"作用一样。

(八)"不亦……乎"

表示委婉的反问,意为"不是……吗"、"岂不是……吗"。"亦"凑音节,读轻声,意义不明显。比如:

(1) 外内称恶,以待强敌,不亦殆乎?

(《韩非子·五蠹》)

(2) 鲁侯不亦善于礼乎?

(《左传·昭公五年》)

(九)"何有于……"、"……于何有"

这些都是"何……之有"的紧缩说法,意思是"对于……来说,又有什么……呢"?比如:

(1) 虽及胡耇(gǒu),获则取之,何有于二毛?

(《左传·僖公二十二年》)

按:"何有于二毛":对那些头发花白的敌人又有什么(可怜惜的)呢?

(2) 除君之恶,唯力是视,蒲人,狄人,余何有焉?

(《左传·僖公二十四年》)

按:余何有焉:对于蒲狄之人,我又有什么(偏爱)呢?

(3) 劳之不图,报于何有?

(《左传·僖公二十八年》)

按:报于何有:有什么可报答的呢?

由于"有"字下面的内容在文中并未明确说出,因此得根据具体情况加以补充。

除上述外,被动句的表达也有其特定说法。比如:

(1) 汝可疾去矣,且见禽。

(《史记·商君列传》)

按:"见"表被动。

(2) 吾不能举全吴之地,十万之众,受制于人。

(《资治通鉴·汉纪》)

按:"于"表被动。

(3) 不听我言,身死,妻子为戮。

(《国语·越语》)

按:"为"表被动。

(4) 臣诚恐见欺于王而负赵……

(《史记·廉颇蔺相如列传》)

按:"见……于"表被动。

(5) ……终为之所禽矣。

(《史记·淮阴侯列传》)

按:"为……所"表被动。

总之,以上种种,都属文言特定格式。对于特定格式,应从它们各自的整体性着眼,注意它们的使用习惯:"……者……也"、"……也"、"……之谓也"、"其……之谓矣"、"其……之谓乎"等习惯上用来表示对事物的判断;"有……者"习惯上用来表示突出所要叙述的对象;"如何"("奈何"、"若何")、"如……何"("奈……何"、"若……何")习惯上用来表示对事物的询问;"孰与"习惯上用来表示对事物的比较和选择;"无乃……乎"、"得无……乎"习惯上用来表示对事物的测度;"何以……为"、"何……为"、"何为"、"不亦……乎"、"何有于……"、"……于何有"习惯上都用来表示反问;被动句常用"见"、"于"、"为"、"被"等词来表示(也有都不用这些来表示),或结合成"见……于"、"为……所"来表示。明确这些习惯用法,自然有助于对古汉语语法规律性的更好掌握。

五、省略与压缩

古今汉语都有省略现象,可是文言文省略现象比现代文尤为突出,成为文言文的特色之一。句子某些词语的省略,从语法角度着眼,是有规律可寻的。能够掌握这种省略规律,遇到具体省略现象,将不至于感到迷惑。

先看主语的省略。上句已出现主语,下句的主语便可省略,如"楚人为食,吴人及之;⬚楚人⬚奔,⬚吴人⬚食而从之"(《左传·定公四年》)中有⬚符号标明的主语"楚人"、"吴人"就是承上文的"楚人"、"吴人"而省。下句要出现主语,上句主语也可以省略,如"⬚项王⬚夜闻汉军四面皆楚歌,项王乃大惊曰:'汉皆已得楚乎？是何楚人之多也！'"(《史记·项羽本纪》)中的上一句的"项王"就是蒙下一句的"项王"而省。还有，下一句的主语就是在上一句里充当宾语的那一个，这下一句的主语仍可以省略(这样更显得结构紧密)，如"……触草木，草木尽死"(《捕蛇者说》)就是。再有，在自述和对话时，主语的省略也常见，如"兄见之，惊问：'尔将何作？'答云：'我将助樵采'"(《聊斋志异·张诚》)就是。主语的省略，在文言文里与现代汉语里都很常见；而比较起来，文言文里省略的地方更多，那是因为文言少一个可以用作主语的第三人称代词("之"、"其"不用作主语，"彼"又嫌语气太重)，一般不是重复上文或下文的名词，就常省去不说。

再看谓语和宾语的省略。文言谓语省略也有承上和蒙下等情况，如"具以春秋对，毋以苏秦纵横对"(《汉书·严助传》)和"躬自厚责而薄责于人，则远怨矣。"(《论语·卫灵公》)句，便是一为承上省，一为蒙下省。谓语的省略比较少见，因为人们所要表达的意思主要是在谓语里，缺少谓语，那句子就变成没啥意思了。现代汉语中谓语的省略更为少见，而且往往只在对话中极少数的情况下出现，像"你贵姓"、"我的自行车呢"之类，几乎是绝无仅有。省去谓语，着一"况……乎"的格式而造成反问句来表示"明缺而实存"，传达出弦外之音，这倒是屡见的。"困兽犹斗，况国相乎"(《左传·宣公十二年》)；"臣以为布衣之交，尚不相欺",况大国乎"(《史记·廉颇蔺相如列传》)的说法,就都是只有主语"国相"、"大国"而省去谓语。可是这样的表达效果却又很好。它不仅使人感到意思是完整的,而且使人感到在强调"国相更要争斗"、"大国更不相欺"这些个意思比直说显得更有力量。正因为这样,现代汉语有必要时亦常是沿用这样的表达方式的。我们说:"大人尚且走不动,何况小孩呢","您尚且不懂,何况我呢",就比"……小孩更走不动"、"……我更不懂"来得有力。谓语"曰"的省略,有时跟主语的省略一块儿进行。试看《孟子·滕文公上》中的一段话:

孟子曰:"许子必种粟而后食乎?"

陈相曰:"然。"

孟子曰:"许子必织布而后衣乎?"

陈相曰:"否。许子衣褐。"

孟子曰:"许子冠乎?"

陈相曰:"冠。"

孟子曰:"奚冠?"

陈相曰:"素冠。"

这种省略在现代文章中,因为有了标点符号,各人说的话前后用引号标明,而且往往还分行写,意思自然不至于相混;可是古书没有像今天这样完善的标点,也不明确分行写,两人的话连

在一起,就完全要靠上下文意来分别了。以上这段话不用标点和分行写就成这样:

孟子曰许子必种粟而后食乎曰然许子必织布而后衣乎曰否许子衣褐许子冠乎曰冠曰奚冠曰素冠

读这样的文字,一不小心就易弄错。在《孟子》书中,这种省略情况相当多见;特别是在问语前,"曰"字省略更为多见。再拿《孟子·公孙丑上》一段文字(这一段太长了,不能照录)来看吧,它总计的问和答共十四次,答语不用"曰"字的只有一次,问语则有"曰"字的和无"曰"字的恰恰各半。

宾语除了"人皆有兄弟,我独无 兄弟 "(《论语》)"何者?功多,秦不能尽封 之 ,因以法株之"这类承上和蒙下的省略而外,还有较之现代汉语而显得相当特殊的省略法。在一定的语言环境中,在不妨碍文意了解的情况下,宾语的中心部分可以省去,留下的只是原来宾语的附加部分。如"闻大王起兵,且不听不义 之命 "(《史记·项羽本纪》)中的"命"就是宾语的中心部分,可是它已连同助词"之"一块儿省略去了。在同一个句子里,如果有两个动词,而第一个动词是"使"或"令""遣""教"之类,这儿的第一个动词的宾语就有省略的,如"寡人有弟不能和协,而使 之 糊其口于四方","勿令 其 入山,山中虎狼恶","日出,乃遣 之 入塾","今而后吾将再病,教 吾 何处呼汝耶"就是。动词的宾语后

头跟着"以……"或"于……"的时候,这个宾语也有省略的,比如"余告|之|以故","取大鼎于宋,纳|大鼎|于太庙"(《左传·桓公二年》)就是。又,介词"以""与""为""从"后头的宾语也常省略,如"相如奉璧奏秦王,秦王大喜,传以|璧|示美人及左右"(《史记·廉颇蔺相如列传》);"乃召高,与|高|谋事"(《史记·李斯传》);"于是秦王不怿,为|赵王|一击缻"(《史记·廉颇蔺相如列传》);"八龄失母,寝食与父共,从|父|受古文,未尝就外傅"等等皆是。然而介词"于"的宾语一般没有省略现象,那是因为文言的"焉"已经代表了"于+宾",即"于之",于是有时用了"焉"就不必有什么省略了。

说到介词宾语的省略,也引起我们联想到介词本身的省略来。"陈人使妇人饮之|以|酒"(《左传》);"群臣后应者,臣请|以|剑斩之";"余立侍|于|左右"(《送东阳马生序》),"秦始皇大怒,大索|于|天下"(《史记》);"|从|宜昌而东";"|由|三代以上"中的介词就都是省略了的。介词的省略也是一种相当特殊的现象;依照今天的语言习惯,它就无法省。

以上种种省略法,有古今相通的,有文言专有的。此外,文言文中人名、地名组成部分的省略,那就完全是文言所独特的现象了。这种人名、地名组成部分的省略很难从语法角度找到解释,它只是一种文字音节上的省略罢了。古人对于这种文字音节的省略的任意性也是比较大的;要确切了解这种省略现象,无疑得结合多方面的有关文史地的知识才会更有可能。人名的如:"诸葛亮"省称"葛亮","东方朔"省称"东朔"或"方朔","司马相如"省称"马相如"或"司马","蔺相如"省称"蔺相","陶渊明"省称"陶渊";地名的如:"季子本封延陵,后复封州来",《左传》省称为"延州来",说成"公子烛庸帅师围潜,使延州来季子聘于上国,遂聘于晋以观诸侯"。文言文中不仅人名、地名有省略的,谥名也有省略的。正如顾炎武《日知录》卷二十三所说,"古人谥名有二字三字而后人相沿止称一字者":卫之睿圣武公止称武公,魏惠成王止称惠王,秦惠文王止称惠王,庄襄王止称庄王,韩昭釐侯止称昭侯,汉诸葛忠武止称武侯。了解人名、地名的省略情况,对读古籍不无帮助。记得在一次语文教学座谈会上有人说到某位青年教师把诸葛亮理解为姓"诸"名"葛亮",而且还自以为有证有据,这固然是极个别的情况,然亦颇可说明了解人名、地名省略现象的不可忽视。另外,了解谥名的省略情况,读古代作品时,在对历史人物的了解方面,当也可以或多或少地避免产生某些错觉。

关于省略,如果扩大范围来理解,有种像俞樾《古书疑义举例》中所说的"文没于前而见于后"之类也可以看做省略。《礼记·檀弓》有段文字先说"献公之丧,秦穆公使人吊公子重耳",而不说使者为谁,接下来百余字的叙述中也不曾点明,后文方说"子显以致命于穆公",告人使者就是子显;《孟子·公孙丑》也有段文字先说"孟子之平陆,谓其大夫曰",而不说平陆大夫为谁,接下来百余字的叙述中,同样不曾指明,也挨到后面方说出"知其罪者,惟孔距心",告人平陆大夫就是孔距心,这些,都是这种省略的实例。这种前边略去而后文补出的记叙,必待阅读终篇,前后对照,才能贯通。遇到这种现象,得从整段甚至整篇文字仔细观察。类似现象有"文设于后而见于前"等。

前面叙述了文言省略的各种情况。它们的共同目的,总的说来,都是为了达到语言的精炼。我们对于省略的应用应当很谨慎。如果能正确补足或理解文中所省略的成分,便会有助于正确理解作品的思想内容;读现代人写的作品也是这样。以毛泽东同志的《蝶恋花》来说,最后一句"泪飞顿作倾盆雨"的"泪飞"的主语是什么,曾有不同的补足法。有的认为是嫦娥,有的认为是杨柳二忠魂,有的则认为是嫦娥、杨柳二忠魂以及吴刚都包括在内。根据后者的解释,我们当然就更可以正确理解到天上人间所有的人都在为全民的大胜利而高兴得流泪的那种真实的思想感情,从而更深刻地体会到毛泽东同志这首词的精神实质:不是单纯地怀旧,而是通过杨、柳二烈士的忠魂飞入月宫的想象,对革命先烈给予了充分赞扬和怀念。

文言省略已如上述。语言中还有种压缩现象与省略颇相似,但却又不能等同,这也该是值得我们注意的。为了语言的精炼,或者节省书写时间,句子压到最小的限度,甚至只剩下一个词,这就是语言的压缩。这种压缩跟省略(主要指句子成分的省略,不包括所谓"省笔"的那一种)不能等同的地方是压缩掉的部分读者可以用不止一种的补充法去说明,而省略掉的部分读者却可以确定地补出来。比如"子贡问友,子曰:'忠告而善导之,不可则止'"(《论语》)中的"不可"可以补足为"不能接受忠告",也可以补足为"不可以善导"。这个特点在下面的句子中显得更为明朗:

父母使舜完廪,捐阶,瞽瞍焚廪。使浚井,出,从而揜之。(《孟子·万章上》)

这段文字的意思是:舜的父母打发舜去修缮谷仓,等舜上了屋顶,便抽去梯子,他父亲还放火焚烧谷仓。〔幸而舜设法逃下来了。〕于是又打发舜去淘井,〔他不知道舜从旁边的洞穴〕出来了,便用土填塞井眼。我们就上下文加以捉摸,可以看出"出"是舜从匿空中旁出,原来所压缩掉的字很多。如果不了解这一点,单纯地认为舜入而又出,出后,他们才"从而揜之",那就不合陷害的事实了。文言压缩现象非常复杂,古人在这个问题上也往往是彼此意见不很一致的。上例赵岐注为"使舜浚井,舜入而即出,瞽瞍不知其已出,从而盖其井",以"出"为"舜出";而另一说则以"出"当是"瞽瞍"等出,与下文"从而揜之"的"从而"相应。这两种不同的解释恰正告诉我们:读古代作品,对于压缩的理解,更得采取慎重的态度。

省略也好,压缩也好,都是古人行文的积极表达手法之一。特别是句子中某些词语的省略,必定是在一定的条件下进行的,都有一定的语言环境,了解省略总是离不开对上下文的全面捉摸。有了上下文或是一定的语言环境,句子的一部分省去不说并不妨碍句子完整意思的表达;而我们依据上下文或一定的语言环境去领会和补足省略掉的成分,自然也并不妨碍对句子完整意思的正确了解。

六、过去对汉语语法的研究

前人研究语法是为了读通古书和写通文言文,还没有注意到对语法体系的专门探讨。前人研究语法有相辅而行的两条路子:一是由"辞"到"虚字"的虚字路子,一是讲句和读的句读路子。前人的语法研究既和训诂学(词义学)相结合,又和修辞学相联系,二者没有明显的分界。前人研究语法所用的术语不下定义,涵义不明,而且往往前后用语歧出,未得统一,给后人研究汉语语法学史带来不少困难。

一些人谈到前人研究语法的工作,常举两千年前《公羊传》对于《春秋》上记载的"陨石于宋五,是月,六鹢退飞过宋都"这么个例子,说明前人早就做过词序的分析。这确实是个很重要的事实。不过这方面的材料是相当丰富的,有待我们更好地探索和利用。比如《墨子》、《荀子》、《公孙龙子》、《尹文子》(以上诸子之书有语法的资料);《尔雅》、《方言》、《说文解字》、《释名》、《广雅》、《小尔雅》、《玉篇》(以上文字训诂之书有语法的资料);《春秋公羊传》、《春秋公羊传何休解诂》、《春秋穀梁传》、《春秋穀梁传范宁集解》、《诗·毛传》、《诗·郑笺》、《毛诗正义》、《诗经集解》(以上传注之书有语法的资料)，都是前人论述到所谓"名学"而关系到语法的资料。至于前人较具体地论述古汉语语法问题的资料，那更是大量的，而且出现了很多语法术语。在词法方面，有所谓"语助"、"虚字"、"实字"、"动字"、"静字"、"死字"、"活字"、"叹辞"、"问辞"、"设辞"、"禁止之辞"、"顺承之辞"、"转接之辞"、"连及之辞"、"称代辞"、"形容辞"、"指辞"、"量词"，以及有关于词性转变的各种说法。在句法方面，除了一般名词术语之外，还有所谓特殊的表达格式，如"倒文"、"省文"、"叠句"、"复句"、"连文"、"对文"、"变文"、"互文"、"连类而及"等等。

到了清代，"小学"(语言文字之学)特盛，小学家非常注意古书里的虚字和词例，于是先后出现了像刘淇的《助字辨略》、王引之的《经传释词》。由于《助字辨略》述作的目的主要是便于一般人学习古文，使读者能懂得一些"构文之道"，而《经传释词》述作的目的主要是尊孔读经，因之取材范围也就有所不同。《经传释词》取材的范围只限于西汉以前的古书，主要是《九经》、《三传》，尤其是《尚书》28篇，不像《助字辨略》那样包括中古的诗词和近代的方言俗语。还有，《经传释词》里对于各个虚词的通常用法，说是"常语"，一概从略，也不像《助字辨略》那样包括各种虚字的常用和非常用的意义。

刘淇的《助字辨略》专门研究虚字，把虚字细分为30类，并创立了一些名目,如断词、疑词、叹词、助词、发语词、语已词等等。虽然还没有建立精密的体系,但实已粗具语法学的规模,开始奠定古汉语虚词研究的基础,为古汉语语法学的研究提供了不少资料。

刘氏以外,段玉裁、朱骏声等小学家也创立了一些名目,如上述的动字、静字等等,跟现代语法学家所用的很相近。不言而喻,到了清代小学全盛时期,语法研究也逐渐开辟了蹊径。

自鸦片战争以后,我国学者对西洋的学术界有了比较深入的认识。他们对于西洋的语言文字已不再像以前那样只怀着鄙视的态度,因此研究欧洲语言文字的人渐渐多了起来。他们接触到了那些结构和写法完全不同于汉语的语文,有所感触,于是企图仿效西洋语言文字的办法来研究汉语。清末有位学者马建忠,他对拉丁文很有研究,曾经照西洋语法体系研究古代汉语,于1898年出版了我国第一本有系统的语法书《马氏文通》。

《马氏文通》是马建忠费了十几年的"力索之功",把《四书》、《三传》、《史记》、《汉书》和韩愈的文章当作历代文词升降之宗,兼及诸子和《国语》、《国策》等,为之"字栉句比,繁称博引,比例而同之,触类而长之"(刘复《中国文法论》附言)辑成的。其中所谓名字、代字、静字、动词、状字、介字、连字、叹字等都仿照西洋语法习用的术语,加上汉语所特有的助字成为九类字,并且参照我国传统的习惯把它们分成实、虚两大类,前五类是实字,后四类是虚字。其中虽然不无曲为比附的毛病,但是因为它能够"引导中国学者不是把语法研究当作训释儒家经典的附带工具,而是作为一门独立的科学来研究",所以仍不失为一部"标志着中国国内研究中国语言的一个新阶段"的著作。

继《马氏文通》之后,直到1937年间,在我国出版了许多关于汉语语法的书,其中有些是只涉及古代汉语的,如章士钊的《中等国文法》(1907年)和杨树达的《高等国文法》(1913年)等,有些是以现代汉语为材料的,如黎锦熙的《新著国语文法》(1924年)等,有些是讨论汉语语法的一般理论的,如刘复的《中国文法通论》(1920年)、陈承泽的《国文法草创》(1922年)、金兆梓的《国文法之研究》(1922年)和何容的《中国文法论》(1937年)等等,在某些方面都有一定的创见。1938年至1943年间,上海有些语法学家认为这些著作都在不同程度上"模仿西洋文法教科书的体制",在《语文周刊》上展开了一次关于"文法革新问题"的讨论,其后有人把这些论文编成《中国文法革新讨论集》和《中国文法革新论丛》两个文集,目的是要"根据中国文法事实,借镜外来新知,参照前人成就,以科学的方法、谨严的态度缔造中国文法体系"(陈望道《中国文法革新讨论集》序)。

1935年至1944年间,先后出版了吕叔湘的《中国文法要略》(1941年),王力的《中国现代语法》(1943年)和《中国语法理论》(1945年),都着重在叙述汉语语法的特点。为了达到这个目的,吕叔湘主张应用比较的方法,从文言、白话和英语的比较中找出"各种语文表现法的共同之点和特殊之点"(吕叔湘《中国文法要略》上卷例言）；王力根据汉语的特点，把句子分成判断句、描写句、叙述句三类，而不是模仿西洋的动句和名句两类，最先提出"句子形式"和"谓语形式"概念；根据谓语形式划分出"使成式"、"处置式"、"递系式"等多种汉语特有的句法结构。

1948年，高名凯的《汉语语法论》出版。他认为汉语缺乏形态变化，孤立的词难于定品。高的书对汉语语法现象有许多独到的见解，不拘泥陈说，兴趣更多是在理论方面。中华人民共和国成立后，我国语法研究进入了新的时期。从1951年6月6日起，吕叔湘、朱德熙合著的《语法修辞讲话》在《人民日报》上连续发表；同年9月出单行本。这部书的目的在于解决实用问题，因此所讨论的范围，限于现代文章的以口语为基础的北京话，文言和方言，不在讨论之列。

1953年6月出版的吕叔湘的《语法学习》，内容大致和《语法修辞讲话》相仿，我们不妨把它看作《语法修辞讲话》第一讲的详解。

随后连续出版的《现代汉语语法讲话》（丁声树等）、《汉语语法常识》（张志公），以及各高校的语法教科书等等，都各有优缺点。在古汉语语法方面，也有过一些著述，其中影响较大的要算是王力主编的《古代汉语》（内容不限于讲语法）。还有比较古今汉语的《古今汉语比较语法》（张静、张桁）兼采各家所长，注重实际，自有实用价值。

综观全局，自应看到，50年代起，汉语语法研究的最大变化是从现代汉语研究为主逐渐转到了汉语历史语法研究的全面开展；大量的专题、古书语法研究和断代语法研究成果丰富。其间王力的《汉语史稿》中册和后来的《汉语语法史》尤多建树。

七、有关释句问题

了解上述语法问题，对解释文言语句当会有一定的帮助。但与释句有关的问题还很不少，似应多方面琢磨，以利于提高阅读能力。现在顺便再谈些还有待注意的问题。

（一）适应修辞需要而颠倒词序

由于对仗、平仄和押韵的要求，古代作家往往着意造了一些词序颠倒的句子。这种句子多半出现在辞赋骈文里，散文里有时也可见到。这是作者临时运用的修辞手法。比如：

（1）历观文囿，泛览辞林，未尝不心游目想，移晷忘倦。

（萧统《文选序》）

按：出于平仄的考虑，"目游心想"说成"心游目想"。

（2）使人意夺神骇，心折骨惊。

（江淹《别赋》）

按："骨折心惊"改为"心折骨惊"，一方面由于对仗和平仄的要求："心"对"意"，平对仄，"骨"对"神"，仄对平；一方面由于押韵的要求："惊"与上文"名"、"盈"与下文

"精"、"英"、"声"、"情"等押韵。

(3) 临溪而渔,溪深而鱼肥;酿泉为酒,泉香而酒洌。

(欧阳修《醉翁亭记》)

按:出于对仗和平仄的考虑,"泉洌而酒香"说成"泉香而酒洌"。

这种现象,在诗词中也屡见不鲜。比如:

(4) 桃之夭夭,灼灼其华。之子于归,宜其室家。

(《诗经·周南·桃夭》)

按:"其华灼灼"因"华"、"家"叶韵而临时倒置。

(5) 萚兮萚兮,风其吹女;叔兮伯兮,倡予和女。

(《诗经·郑风·萚兮》)

按:"予倡女和"因"女"(你)、"女"(叶落)叶韵而临时倒置。

(6) 古史散左右,诗书置后前。

(韩愈《杂诗》)

按:"前后"因和全诗叶韵而作"后前"。

(7) 杨柳轻飏,直上重霄九。

(毛泽东《蝶恋花·答李淑一》)

按:不作"九重霄",而作"重霄九",词里的"柳、九、有、酒"便都是"有"韵。

这些说法从修辞手法上看,还是可以理解的。当然,语法是修辞的基础,在一般场合,修辞的说法要考虑到语法上是否相应。但由于历史上的原因,文言的某些特殊说法还得另作看待并予以肯定。这类情况,同后面不规范的说法自应有所区别。

(二) 属于语法不规范的说法

句子成分的配搭要相应,句子结构要完整,以达到语言的纯洁与健康这一目的。如果配搭不相应,结构不完整,这就是语法不规范的说法。比如:

(1) 大夫不得造车马。

(《礼记·玉藻》)

按:车可造,马不可造。一个动词"造"共管两个宾语"车"、"马",前后就失照应。前人说这是"省文",是"古人行文不嫌疏略",都很牵强,不可从。"车""马"是两个词,不是偏义词;如果"车马"是一个偏义词,那还是情有可原的。

(2) 每一令出,平伐其功,曰,以为"非我莫能为也"。

(《史记·屈原列传》)

按:"曰"和"以为"重复地使用,结构糅杂混乱。有人说"曰"和"以为"中有一个是"衍文",这得另从校勘学上讨论,此处不论。

一句话,文言文的用词造句也有不规范的。另外还有些说法,似也不应认为是语言的正轨。比如:

(3) 主上屈法申恩,吞舟是漏。

(丘迟《与陈伯之书》）

按:"吞舟"是大鱼的代称。这是从贾谊《吊屈原赋》"彼寻常之汙渎兮,岂能容吞舟之鱼"中的"吞舟之鱼"割裂开来凑合着说的。"吞舟是漏"意思是"漏吞舟之鱼",作者把"吞舟之鱼"这一词组割裂开来,砍去"之鱼",剩下"吞舟"置于动词"漏"之前,这就有碍语言的纯洁性。有时为求这一说法的可行性,话便说得很多:"网漏吞舟之鱼"见于《庄子》,语源很早;用典是文献词汇学允许的;代称系采用修辞手法。"吞舟"既是略说,又是宾语提前,是古汉语语法特有现象,凡此,大可不必。

当然,这里也还得指出,使用语言还有个习惯问题。就拿动宾关系看,"下船"一般是说从船上下来,可是也间或指往船上去,等于说"上船";"借钱"可以是借出去钱,也可以是借进来钱;"下山"是从山上下来,离开那个地方;"下田"是往田里去,走向那个地方;"败之"是打败了他;"胜之"是战胜了他(字面相反,实际内容一样),这些都得尊重语言习惯,并结合一定的语言环境(上下文)全面考察,不得拘泥。这类现象,现代汉语语法书中说得很多,也可另参。

以上种种,俞樾《古书疑义举例》一书中有些说法可以参考;还有刘师培《古书疑义举例补》、杨树达《古书疑义举例续补》、马叙伦《古书疑义举例校录》、姚维锐《古书疑义举例增补》等等也都可以参考,此处从略。

第五章 句读·标点·章句

一、句读的由来

古书一般是不断句的,前人读书时要自己断句。没有断句的古书,后代的人读起来就常感到困难,比如《论语·泰伯》的"民可使由之不可使知之",一般读为:"民可使由之,不可使知之。"(这是封建统治阶级的反动愚民政策的说法,意思是:老百姓可以使他们照着统治者所规定的道路走去,不可以使他们知道那是为什么。)可是有人也读为:"民可使,由之;不可使,知之。"甚至还有人读为:"民可,使由之;不可,使知之。"读法不同,意思自然也随之改变。梁启超在清末为借《论语》以宣传变法维新,就强调最后的一种读法(见所著《孔子讼冤》),从中演绎出一条推行君主立宪的办法：人民有条件，就立即实行；人民无条件，就开发民智，创造条件。这种解释，单就字面上看，虽然勉强可通，可是实际上春秋时期不可能有什么君主立宪思想，我们只能说是一种附会而已，因而梁氏的读法也是不正确的。

　　古书虽然一般是不断句的，但是古人却很重视句读，因为明辨句读是读懂古书的起点。因此，汉儒研习经书，讲究章句，开始注意"句读"。句读这一个名称，最早见于何休的《公羊传·序》："援引他经，失其句读。"《经典释文》说"句读"的"读"音"豆"，别的地方还把"句读"叫做"句投"（马融《长笛赋》）或"句度"（皇甫湜《答李生书》）。历来对"句读"的解说很多，有从语音停顿上着眼的，有从语句结构形式上着眼的，有从文义上着眼的，也有单从语气上着眼的。但我们读古书，重要的在于如何具体地进行断句，更好地去粗取精，接受文化遗产，不宜拘泥于定义及其发展渊源问题而多作繁琐的解释和考证，所以就不在名称定义及其发展历史上多纠缠，只简单地作些有关的必要的介绍而已。

　　汉时句读符号只应用于研读经书而不用于写作，也不用于书籍抄本（那时尚未发明刻板印刷）。到了宋代，因为刊刻印刷方便了，它就从个人的研读扩展到书籍刻本上，从而逐渐普及开来。但在经书里，其作用似乎还只限于校勘和帮助初学。古代断句用"、"作为标志。《说文解字》："、（zhǔ），有所绝止而识之也。"有人认为这就是句读（dòu）的"读"的本字。（见杨树达《古书句读释例·叙论》)前人在语意未完而需要停顿的地方,点在两个字的中间;在句终的地方,点在字的旁边。古代又有一个"㇄(jué)"字,《说文解字》说:"㇄,鉤识也。"(有所识而鉤之。)这也是古人读书时所用的句读标志。这种句读符号,有人说,根据古文献的记载,在汉代就有了。后来"㇄"用做句号,"、"用做读号,如宋代毛晃《增韵》所说,"凡经书或成文语绝处谓之句","语未绝而点分之以便诵咏谓之读",即所谓"句绝"与"读分"。后来还用圈号作为句终的标志。宋代句读符号有两种,一种是句号用圈"。",读号用点"、";一种是句号用点"、",点于字旁边,读号也用点"、",但点于字与字的中间。有些刻本不分什么"句绝"与"读分",只采用一个形式,凡该停顿的,就在某个语句的末字右旁用圈"。"断开。另外也有只用"、"或"。"的。至于《礼记·学记》说:"一年视离经辨志。"所谓"离经"(郑玄解为"断句绝也"),是句读经典的能力。有人认为离经是把每句离开一两个字写,那是非常不妥的。古代有过每句离开一两个字写的情况(即后文要谈到的"隔离法"),可是那同"离经"是两回事。

二、标点的使用

除了"句读",古代也早已有"标点"的说法。像《宋史·何基传》所说,"凡所读书,无不加标点"(卷四百三十八),清代钱泰吉《曝书杂记》所说,"常熟毛黼季藏元人标点《五经》",正是告诉我们宋元人读书已使用标点了。当时的所谓"点",是指句读号说的;而"标"则已有较广泛的含义了。不过我们统称"标点"的时候,往往偏于指句读而言。"标"的使用日趋频繁,随后它包括了鉴赏符号、节段符号、专门符号和引书符号等等。

明清以来,在初学用书、文章范本或所谓名家"批点"的书籍上,认为是最精隽的句子,就在它右旁逐字加圆圈"。",或加双圈"◎",或加尖圈"△",一直圈遍某一整句或某一大段;认为是次一等然而意有可取的,就逐字加点"、";认为是再次一等的,就在一句末字旁加一个圈"。"或双圈"8";最普通的句子,就在一句末字加一个"、"。有的刻本将一些句子浓圈密点到底,不再另用表示句子停顿的句读符号。但也有同时用句读号,即在一连串的圈后面用一个点,或者在一连串的点后面用一个圈。宋元人标点古书还使用了彩色笔,以明示意重点:凡"朱抹者,考订制度;墨点者,事之始末及言外之意也"(钱泰吉《曝书杂记》)。明代文人多采取这种方法来评点文辞,归有光(震川)评点《史记》,"朱圈点处,总是意句与叙事好处;黄圈点处,总是气脉"(同上)。由此可见,古代鉴赏、评点符号真是多种多样的。这种符号,似与我们现在所要了解的内容无关,可是它掺混在句读之中,有时浓圈密点一句而不再另加句读符号,只留出第一个字不圈不点,让一连串的浓圈密点也起着断句作用。从下面这段文句中,我们便可明白这种情况:

"侍中侍郎郭攸之费祎董允等此皆良实志虑忠纯是以

先帝简拔以遗陛下愚以为宫中之事事无大小悉以谘之然后施行必能裨补阙漏有所广益……"

(诸葛亮《出师表》,转引自《古文辞类纂》。原来直写,符号都在字的右边)

古文章不分段写,最早的如甲骨文,偶有在节段地方划线,打格子;后来经过"评点"的文章,常用"/"或"—"标在字的左小侧表示一小段,用"L"标在字的左小侧表示一大段。

明代刊本小说最先正式使用人名号"｜"(加在右边),清人刊刻初学所用历史、地理一类的书,除了用"｜"表示人名外,还用"‖"表示地名(也在右边)。有注释的书,还在所引用书籍的名称上加括弧或者方框,如:〔史记〕 汉书。

句读号、鉴赏号、节段号、专名号和引书号,总起来说,就是古代的标点符号。此外,还有不用符号而用分行和隔离的方法。"分行法"在三千多年前用"甲骨文"写的文章里就出现了,现代的诗歌一般也采用这种方法。有人认为这种方法就是把每句离开一两个字写。清末的报纸以及现在有些老先生写的文章也有沿用这种方法的。

符号表示法也好,分行或隔离法也好,在过去实际并不为一般上层知识分子所重视;就是表示停顿的句读号的使用,也只在小说、戏曲、初级诗文读物及语文教科书上才相当注意。其用意不过是借此剖析文章,讲解作法,表明句式,以便摹仿。然而学习的人一等到学而有成,也把这些符号统统抛弃掉,不愿意再使用。这是过去文人要显示自己的所谓"高贵"的表现,也跟当时封建社会里文字掌握在少数人手中专为少数人服务分不开。因为过去的统治阶级希望文字越难越好,以便永远只有少数人能使用,不加句读号自然也正是他们所希望的。

三、句读、标点与章句的关系

了解句读、标点,对弄懂章句文义来说,有很大意义。欲洞晓文义,则不可无视句读。诚如黄侃所说,"凡览篇籍,未有不通章句而能识其义者也……汉师之于经传,有今文与古文异读者焉,有后师与前师异读者焉,凡为此者,无非疑其义训未安,而求其句读之合术而已。"(《文心雕龙札记·章句》)那么在阅读古书时怎样才能不读错句,不用错标点,真正通章句、明意义呢?这先要研究错误的原因。原因是很多的,归纳起来大致有以下几个方面的:一是意义方面的,二是语法方面的,三是音韵方面的。下面略就这些方面的情况加以讨论。讨论以断句为主,同时也联系标点符号的使用来说明。

1. 有关意义方面

意义方面有不清楚的地方,这是弄错句读最主要的原因。不明字义,会把句子点错。一个字往往有几个意义,这个地方用的是这个意义而错误地认为是那个意义，也是不明字义，自然也会把句子点错。还有，在许多情况下，读者并不是不明字义，而是不能把上下文通贯起来，不能串读；读时不求甚解，不从上下文仔细体会古人的用意，也可以说是不通文理。这样，拿起笔来断句，就容易产生错误。比如：

孔墨之弟子皆以仁义之术教导于世，然而不免于僵，身犹不能行也，又况能教乎？

(《淮南子·俶真训》)

高诱以"僵身"二字连读，说"僵身，身不见用，僵僵然也"；王念孙却说"'僵'字上属为句，不免于僵，谓躬行仁义而不免于疲也"。高诱的解释很不清楚，"僵身"一词之说自古未必现成，"僵僵然"在此亦甚费解，诚如杨树达《古书句读释例》(第四)所论，"今按王说是也。"又如：

与父老约，法，三章耳。

(《史记·高祖本纪》)

人们因为汉人常用"约法三章"语，遂多以八字为一句读。实则不然，当于"约"字下句断，"法"字又一读，言从秦法六篇中只取三章而已。下文"余悉除去秦法"的"余"字即指三章以外的六篇秦法，自可为证。

2. 有关语法方面

不通语法也易弄错句读。古书中常用"倒文""省文""变文"现象，它们都会影响我们对句读的辨明。如"文帝复遗宗人女翁主为单于阏氏,使宦者燕人中说傅翁主,说不欲行,汉强使之。说曰:'必我也,为汉患者'"。(《汉书·匈奴传》)这里的"必我也,为汉患者"为倒文,相当于今天的倒装句,如顺说,应为"为汉患者,必我也。"不了解这种情况,辨句读就为难了。又如"楚人为食,吴人及之。奔,食而从之。"(《左传·定公四年》)这里的"奔,食而从之"前头省去"楚人"、"吴人",即"楚人奔,吴人食而从之",杜预因不解省文而误读,注为"奔食,食者走","奔食"遂文不成义。同样,"吾独不得廉颇李牧时为吾将。吾岂忧匈奴哉!"(《汉书》)这里原意是说:"吾独不得 於 廉颇李牧时 令廉颇李牧 为吾将。若得 於 廉颇李牧时 令廉颇李牧 为吾将,吾岂忧匈奴哉!"作者因避复,省去"若得……为吾将"一句,若不解此,亦难辨句读。再如"于是项王果然其言,乃求楚怀王孙心,民间为人牧羊,立以为楚怀王。"(《史记·项羽本纪》)这里的"民间为人牧羊"是作者自注,相当于今天的"插入语",有人不解此句法,断句也带来困难。

3. 有关音韵方面

不通音韵也会影响句读的正确性,比如"山径之蹊閒介,然用之成路"(《孟子·尽心下》),赵岐以"介然"属上句,朱熹以"介然"属下句,都很勉强。其实"閒介"是双声字,应连读;"然"单属下句。"閒介"即"扞格"转音,形容山径障塞。诸如此类的实例不少,不一一例举。

从上所述，可见造成句读错误的原因是很复杂的。今人整理的古籍常常也有标点错误的地方，我们也必须注意。新中国成立以来，许多专家花了不少精力给古书加新式标点，为读者阅读古籍从而接受文化遗产带来很大的便利，这自然深可赞扬；然而这方面的工作也并不是已达到完美境地，有些地方也还难免有所疏陋，有待我们引起重视。

比较集中地讲古书句读的参考书中，杨树达的《古书句读释例》、俞樾的《古书疑义举例》等是比较好的。同时也应该注意，另外也有些谈句读的书的某些讲法未必精当，如有人说古代的"句"号和今日的句号一样，古代的"读"号和今天的逗号一样，就欠妥帖。我们知道，古代的句读号和今天的句号、逗号实并不能相等。"举尔所知。尔所不知。人其舍诸。"（《论语·子路》）这是前人已断句的，然若依新式标点符号来加，则应是："举尔所知；尔所不知，人其舍诸？"又，"一日克己复礼。天下归仁焉"（《论语·颜渊》）。依现在的标点符号来加，也该是："一日克己复礼，天下归仁焉。"现在使用的标点符号乃是在总结了中国原有的"句读"符号（历代文人所用的各种符号汇总起来共有 40 来种）和国际通用的一些标点记号的基础上经历了几十年的使用和不少次的试验改造而形成的，简单地把今天的新式标点符号中的某些符号和古代的句读号等同起来看待，显然是一种错觉。

第六章　修辞·文风·阅读

一、关于修辞

《易经·乾卦》有句"修辞立其诚"的话,后代人对"修辞"进行了各种解说。有的把"修"当作修饰解,"辞"当作文辞解,"修辞"就是"修饰文辞";有的把"修"当作调整或适用解,"辞"当作语辞解,"修辞"就是"调整或适用语辞"。现在"修辞"连用,一般不大拆开来解说了。

其实,"修辞立其诚"的"诚"倒是不容忽视的。顾名思义,"诚",是真心,不诈伪的意思;它跟"诈"相对,又跟"伪"相对,《礼记·乐记》的"著诚去伪"正是"诚"与"伪"相对的。"立其诚"强调要"诚"而不能"伪",这应是"修辞"所要考虑的着眼点。

《论语·卫灵公》还有句"辞达而已矣"的话,这用现代的话来说,就是"说话和写文章,只要能够把意思表达出来就是了"。但是要做到这一点并不容易,因为是否"达"必须经过实践的检验;写文章的人认为自己的意思表达出来了,而读者还没有认可,那还不能算是真正的"达"。

既能"诚",又能"达",内容与形式密切结合,真实性与艺术性完美统一,这才是"修辞"所要着重考虑的问题。

那么怎样才能体现这个"诚"呢?不妨从陆游的经验谈起。陆游给他的儿子写了一首诗,传授他写诗的经验。大意说:他初学写诗时,专门在词藻雕琢、绘形绘色上下工夫,只注意追求形式美;到中年才领悟到这种做法不对,诗应该注重内容,应该反映人民的要求和喜怒哀乐;从此他的诗起了重大的变化,道路越走越宽广。最后他说:"汝果欲学诗,工夫在诗外。"另一处又说:"纸上得来终觉浅,绝知此事要躬行。""躬行"实际上是"工夫在诗外"的注释。无数事实证明,如果只是冥思苦想,搜索枯肠,着意修饰,而离开当时的社会实践,就不会生动形象。由此,我们多少可以看到古人在这些方面是曾经摸索过的,并且也有过体会的。

那么又怎样才能体现这个"达"呢?吕叔湘、朱德熙两位先生的《语法修辞讲话》第五讲有几句话倒是值得参考的:"第一要明确,为的是要读者正确地了解你的意思。其次要简洁,为的是要读者费最少的时间和脑力就懂得你的意思。又其次要生动,为的是要在读者脑子里留下一个鲜明而深刻的印象。"一句话，驾驭语言写文章要力求明确、简洁、生动。这是就现代文章说的；就古代作品说，也未尝不是如此。前面第三章"词汇"部分谈到词的运用时已经具体举例分析了这些问题，这里不重复。至于造句乃至谋篇，当然也应有如上的要求。专门谈论这方面问题的，有修辞学的专门著作。在修辞学的专门著作里，分别谈了消极修辞和积极修辞的两大手法。积极手法有比喻、借代、映衬、摹状、双关、对偶等几十种。这几十种修辞手法，也就是一般说的"修辞格"。

谈论"修辞格"问题已有专书，不再一一具体分析了。这里所要指出的是修辞关系到语言要素的综合运用问题。语言要素是修辞的基础，古人是很重视语言三要素的艺术运用的。为使这方面的问题明朗化，不妨举例说明。

作为语言三要素之一的语音，对加强艺术感染性是很有作用的。清代学者已经注意到："欲作好诗，先选好韵。凡其音涉哑滞者，晦僻者，便宜弃舍。葩即花也，而葩字不亮；芳即香也，而芳不响，以此类推，不一而足。"（袁枚《随园诗话》）

写文艺作品，特别是诗，没有音节美的因素，而要想达到高度的艺术效果，那是有困难的。"屋北鹿独宿，溪西鸡齐啼。"这两句表意上没有什么不妥，可是由于每个句子各个词的音节中韵母都差不多，平仄声也配搭得不协调，念起来别人就听不清晰，这样艺术性就差。《古文观止》中的文章，读起来，一般都有朗朗上口之感。桐城派在清代文坛上有较大的影响，所写的散文，在音律上也是有讲究的。古人很注意文章的朗读，常通过高声朗读进而作字句上的修正。写好一篇文章，不仅心到、手到、眼到，还有口到、耳到。

作为语言三要素之一的词汇，是语言的建筑材料。材料的运用对写文章来说是极其重要的。这在前面第三章词汇部分谈词语运用中已有所说明。这里想专门再就汉语词汇的明显特色另举些例子文明，以资隅反。汉语量词的丰富多彩是其他许多民族语言所没有的。它是语法学上要谈到的问题，也是词汇学中不宜忽视的问题。比如"一叶扁舟"的"叶"、"一轮明月"的"轮"，就很有形象性。说到"扁舟"用"叶"、"明月"用"轮"，无疑都是从表达的艺术效果上着眼的。又比如"庭梅对我有怜意，先露枝头一点春"（侯夫人《看梅》），"春"用"点"来计量，使比较抽象的事物图象化、鲜明化，显然是出于修辞上的考虑。量词一般是同数词结合起来用的；数词看来平常，使用恰当，也能收到良好修辞效果。不管是数量词结合起来使用，还是数词单独使用，往往都有独特的表意作用。比如：

一身去国六千里，万死投荒十二年。（柳宗元）

三万里河东入海，五千仞狱上摩天。（陆游）

霜皮溜雨四十围，黛色参天二千尺。（杜甫）

这些诗句很好地运用了数词，使描述的事物高度形象化，意境开阔，特征鲜明，具有艺术魅力。试想，柳宗元诗句中要是不用"一身"、"万死"这些词，他的贬谪流浪、沉郁苍凉的感情便未必能表达尽致；陆游诗句中如果不采用"三万"、"五千"这些数字，北国风光、河山壮丽的景象便未必能给人以清晰如画的印象；杜甫描写孔明庙前那株古柏，如果笼笼统统用"枝干参天"之类的词语来形容，就会流于一般，不易取得传神的艺术效果。

这种艺术效果在现代汉语中也是常见的。有一张武汉长江大桥全景照片的题词原来是"长江大桥"四个字，后来加了数量词"万里"、"第一"，意境大不相同。"万里"就空间说，描绘了一条无比广阔的巨流，反映了祖国山河的壮丽；"第一"既就数量说，也就"长江大桥"出现的时间说：武汉长江大桥是中国有史以来长江上出现的"第一桥"。"万里长江第一桥"写出了开阔的意境，引起了人们许多美好的联想，情趣横溢，诗意盎然。

作为语言三大要素之一的语法，跟修辞关系同样极其密切。语言中有不少现象，既要从语法的角度去考察，也可以从修辞的角度去考察，这两方面的考察研究往往是相辅相成的。前面第四章"语法"部分讲到的实词活用、语序变换以及某些虚词的使用等，无疑涉及到修辞上的一些问题。如就句子的长短而言，文言多用短句，少用长句现象尤其突出。虽然春秋文句有长到30多字的，这毕竟是个别现象。句子长了，结构关系往往相应地复杂起来，并且往往有松散之感；相反地，短句子在许多场合显得紧凑有力，表达效果好。有时句子需要长当然还得长，一般还是以简短凝炼为好。还有句子的衔接连贯等等,则关系到如何恰如其分地使用关联词语问题。这不仅是语法修辞上的问题,也是逻辑上的判断推理问题,不一一赘述了。至于"欧苏流畅于韩柳,韩柳流畅于史汉,史汉流畅于左氏,左氏流畅于尚书"(明代曾异《与赵十五书》),则主要关系到文言文的人为性与综合性诸问题,更不只是一般的修辞方法问题。

以上着重从语音、词汇、语法方面分别举例说明一些修辞问题。其实修辞往往需要因时制宜、因地制宜,同一个意思在不同条件下要求有不同的表达效果,远非三言两语所能解释清楚,上述只是略作必要的提示而已。

过去对于修辞学的研究,这也是值得关注的问题。

在我国历史上,曾经有过不少语言巨匠对修辞问题作过极其精辟的论述;有一些学者写过有关修辞的专著。但是,修辞学在我国成为一门系统的语言科学,是在"五四"以后的事。自"五四"至中华人民共和国成立整整30年间,国内出版了好些修辞学的著作,归纳起来,大致有三种类型。

一种是古书校读式的,这以杨树达的《中国修辞学》(1933年)为代表。这部书纯粹为解释古书修辞现象而作,实际上是俞樾《古书疑义举例》同一类型的著述,对于阅读古书是有帮助的。

另一种是仿照西洋的,这以唐钺的《修辞格》(1923年)为代表,陈介白的《新著修辞学》(1935年)也属于这一类型。唐钺的《修辞格》摹仿纳斯菲《高级英文作文学》略予增补,列修辞格27

种,其中属于"比较"的 7 种:显比、隐比、寓言、相形、反言、阶升、趋下;属于"联想"的 3 种:伴名、类名、迁德;属于"想象"的 4 种:拟人、呼告、想见、扬厉;属于"曲折"的 9 种:微辞、舛辞、冷语、负辞、诘问、感叹、同辞、婉辞、纡辞;属于重复的 4 种:反复、俪辞、排句、复字。陈介白的《新著修辞学》则来自日本岛村泷太郎的《新美辞学》、王十岚力的《新文章讲话》和佐佐政一的《修辞学讲话》,书中讨论修辞格极为繁琐,单比喻法就列了 14 种,其他不言而喻。这两部书共同的地方是缺乏独立性,着眼于摹仿比附,没能着重说明古今汉语本身的修辞规律。

还有一种是古今糅合的,这以陈望道的《修辞学发凡》(1932 年)为代表。这部书力图总汇古今中外的修辞成果来建立汉语的修辞学,在阐述修辞的方式方法上也有创见,其功力颇深,是应该肯定的(当然不是说完全没有缺点)。这部书影响较大,也是众所周知的,内容用不着详细介绍。

解放后张瓌一的《修辞概要》是以现代口语和现代作品为根据的,从用词、造句、修饰、篇章和风格几方面概括修辞手法的重要内容,叙述颇有新意。此外张弓的《现代汉语修辞学》对于修辞方式曾下了一番分析归纳的工夫,分为"描绘、布置、表达"三大类共 24 法。专门介绍古代汉语修辞的,目前还没有什么系统的著述。王力主编的《古代汉语》下册(第二分册)介绍古汉语的修辞也只选讲了 8 种修辞方式:稽古、引经、代称、倒置、隐喻、迂回、委婉、夸饰。不过这些修辞方式都是比较重要的。但古汉语修辞现象毕竟相当复杂,略陈8种,自必尚难奏以简驭繁之效。欲穷视野,还得更上一层楼。

关于修辞学的目的任务,应该是"提示修辞现象的条理、修辞观念的系统",以指导人们运用和创造各种修辞方法恰当地表现所要表达的内容。认为修辞学只是研究纯粹的语言技巧,这显然有失片面。毛泽东同志的《和郭沫若同志》一诗中"僧是愚氓犹可训,妖为鬼蜮必成灾"这一对偶句,字数相等,结构相同,词语成对,看起来整齐醒目,读起来朗朗上口,听起来铿锵悦耳,既易于记忆,又便于传诵,形式上有其特色;而内容上则表达了必须正确区分和处理两类不同性质的矛盾的深刻哲理和伟大战略思想,从而纠正了要"千刀当剐唐僧肉"的错觉,分清了敌我友。我们决不能认为修辞学只是研究纯粹的语言技巧。如何使完美的语言技巧更好地为表达思想内容服务,这是修辞学研究的正确方向。

二、关于文风

讲究修辞也有助于改进文风。历来语言巨匠优秀作家总是反对不正之风,提供优良文风。汉代扬雄喜用"奇字",班固喜用"古字",魏晋文人偏重形式等等,颇为后人所诟病。明朝茹太素一味写长而空的文章,一个奏本长到一万七千多字,而废话竟达一万六千五百字之多,成了冗文的典型。明清时代的八股文空话连篇,以玩弄文字为能事,更是令人作呕。文风问题实不能等闲视之。

鉴于文坛时弊,韩愈早就主张"唯陈言之务去";白居易提倡"文章合为时而著,诗歌合为事而作"。宋元以来,主张革新文风也大有人在。刘知几的"怯书今语,勇效昔言"(《史通·言语》),更是坦率的批评,明确地指出了当时的文病。

太平天国后期,主持天朝日常军政事务的干王洪仁玕反复强调改革文风的必要性,并且首次把文风问题作为一个政治问题提出来。他在亲撰的《资政新编》中,把"不务实学,专事浮文"、"文士之短简长篇,无非空言假话;下僚之禀帖面陈,俱是逸诌赞誉",作为清王朝封建政治的重要弊害加以抨击。1861年春,洪仁玕专门发布了一道整顿文风的命令:"照得文以纪实,浮文在所必删;言贵从心,巧言由来当禁。""况现当开国之际,一应奏章文谕,尤属政治所关,更当朴实明晓,不得稍有激刺、挑唆、反间,故令人惊奇危惧之笔。"这就把文风改革提到"扫除妖习"(反对封建主义的旧传统)、"施行正道"(发扬农民革命的新精神)的高度,要求人们认真对待。这是极其可贵的。

在语言巨匠优秀作家的倡导和身体力行下,我们也不难看到为数不少的艺术性高、思想上也有积极意义的名篇佳作。比如《曹刿论战》写的是中国战史中弱军战胜强军的有名的战例,写到曹刿关于战争准备、战时指挥和战后对此次战争的分析,都是极精辟的。《过秦论》以磅礴的气势和锐利语言论述了秦国由盛而衰终至灭亡的过程，批判秦国的弊病。《师说》于抑扬讽喻之中，针砭社会陋习，阐明了学习必有师，唯"道"是学的道理；《捕蛇者说》也在一定程度上揭露了封建统治者横征暴敛的罪恶，言近旨远。《醉翁亭记》、《石钟山记》、《卖柑者言》等等，都有较积极思想倾向，而文笔也都清新明快，耐人咀嚼。

梁启超说："记事文最难的莫如记战争，学会记战争，别的文自然迎刃而解。"（见《饮冰室文集》）这种看法有一定的依据，因为战争非一人所为，成败非一人一时一地之事，下笔实属不易。因而古人作战记，尝以叙述胜败因果为主要目的：凡有关于胜败的虽小必录，无关于胜败的虽大必弃。要全局大小事一一记载无遗，势不可能，也无必要。古代有不少战记都写得很出色，像齐鲁长勺之战、晋楚城濮之战、韩信破赵之战、楚汉成皋之战、新汉昆阳之战、袁曹官渡之战、吴蜀魏赤壁之战、吴蜀彝陵之战、秦晋淝水之战等等的记载便是。

好的战记的笔法是值得借鉴的。要更好了解战记的写作，读《资治通鉴》一类书的同时最好能再参阅一下"正史"（全史）的有关史料。比如读到《资治通鉴》的"吴魏赤壁之战"，参阅正史《三国志》中孙权、刘备、诸葛亮、鲁肃、周瑜五传的正文及裴注，便更能看出《资治通鉴》的作者司马光所根据的共有多少材料，许多材料中哪些采用了，哪些丢弃了，其取舍标准何在，所选材料又如何整理编排等等。这对我们的学习和写作都是很有启发的。

三、关于阅读

学习古代汉语,离不开学习古代作品。学习古代作品,除了思想内容有要求之外,语言上也要有要求。因此,读历来较有影响的选文之外,要读历史文学中最有影响的部分。现在就从学习古汉语角度举些例书来略作介绍吧。

《论语》是记录孔子及其门人的言行的文字,是现存的古代第一部基本上用口语记录的书,比较真实地反映了当时语言的实际情况。从汉朝起,就有很多人读它;从唐到清,成为读书人的基本读物,对后代语言的影响很大。

《孟子》也是后人的基本读物,对后世语言的影响比同时代各家都大。语言比起各家来也较流畅生动。

《诗经》是"雅言"的资料,表现的手法有"赋、比、兴",形式结构有"篇、章、句、言(字)、韵",声音组织有"双声、叠韵、重言(叠字)"。我们从《诗经》可以看到用词造句的特殊现象,也可从它的协韵字音跟现代音有出入的现象中看到语音的演变。

《左传》和《战国策》这是记言记事的综合,表达手段丰富多彩,反映古代社会充分运用语言作为政治斗争武器的情况。读这两部书,多注意复合词,复句,以及某些修辞手段。

《史记》是司马迁一方面运用古代史料加工改写,一方面用当时的语言进行创作的。我们从中可以观察先秦和汉代之间的语言变迁,学习司马迁高超的语言艺术。同时要多注意汉代新兴的词语和句法,看到这部书对后代文学语言的影响。

从学习古汉语角度学习作品,当以学先秦两汉文为重点。后人写文章一般是模仿先秦两汉的。掌握先秦两汉的语言特色,后代文章的语言就比较容易掌握。

读魏晋南北朝作品,如《世说新语》,南北朝民歌之类,可以注意语法上的特殊情况,比如否定句代词宾语不前置,常使用系词"是",少用语气词等等。这类作品里的词汇透露了若干近代语词的萌芽,也得多留意。

读唐代文章,照理说应该读韩柳古文,因为韩柳古文是继承先秦到汉的古代语言发展而成的散文,对后代影响很大。韩柳文章比宋代的欧苏文章难读些,不妨泛读欧苏,精读韩柳。

前面曾经说过,古文中也有个文风问题,说废话的不少。有那么一些送行、寿序、墓志铭等等应酬文字,大多是言之无物的,可以不读。

学古代作品语言,了解词义往往是个难点,这就得勤查工具书。工具书问题,前面各章已分别有过介绍了,不再重复。

后　　记

　　本书原于 1960 年出版，1962 年第 2 次印刷。1960 年出版以后，《人民日报》社记者来访，要求就本书某些章节内容分别写成若干篇中小文章于《新闻业务》（原《人民日报》社刊物《新闻战线》）上发表；随后福建人民出版社又把曾在《新闻业务》上发表的一些文章选编进《古汉语的学习和教学》一书；有些高校还曾选列为语言学参考资料（如中国人民大学 1963 年编辑发行的语言学资料之类）。因此，所见内容不免有某些雷同之处。

　　近年来不少读者希望本书能重印出版，以应需求。但从本书实际情况看，存在的问题着实不少，所以付印前做了较大的修改和补充。不过由于时间匆促,本人水平有限,不妥和错误仍然难免,谨请读者多加指正。

许 威 汉

一九七九年于上海

补 记

本书初稿写于50多年前，1960年出版。后应读者要求，1980年出版修订本。此后，同窗挚友范敬宜先生（原《人民日报》总编辑、清华大学新闻与传播学院院长）两次面告此书学术性内容简易出之，深入浅出，可读性、实用性强，希望重印。今又承北京大学资望教授郭锡良先生向商务印书馆推荐重印。在重印前，郭先生再一次细读全书，并提了宝贵补正意见和建议，同时改正若干印刷失误，费心劳神甚多，至深篆感，谨申谢忱！商务印书馆重视支持此书的重印出版工作，多番审核，金欣欣编审倾心审读原书和重印稿，指点帮助良多，敬深致谢！

许威汉
2012年春月于上海师大寓所